朝日新書
Asahi Shinsho 880

ワンランク上の大学攻略法

新課程入試の先取り最新情報

木村　誠

朝日新聞出版

プロローグ　受験生の人生は「親ガチャ」では決まらない！

競走馬のような受験レース

近年、流行語にもなった「親ガチャ」。カプセルに入ったおもちゃなどを運まかせで引き当てる「ガチャガチャ」のイメージで、経済力のある親の間に生まれたかどうかで、その子どもの人生が決まってしまう、という意味合いだ。裕福な家庭に生まれたら「当たり組」、そうでなければ「外れ組」になってしまう。これは大学受験でも当てはまるのだろうか。

確かに、東京大学・京都大学や国立大医学部を狙うために、有名私立の6年制中高に子どもを進学させるには、家庭の経済力が不可欠だ。

東京大学学生委員会が毎年実施している「学生生活実態調査」の最新（2020年）の

数字を見ていこう。東大生の親の世帯年収（税込み）をアンケート形式で質問している。その回答によると、１０５０万円以上が42・5％となっている。日本全体の世帯年収（２０１９年、厚生労働省調査）は、平均５５２万円、中央値は４３７万円にすぎない。これは、「外れ組」にとっては厳しい現実かもしれない。

人生の出発点で「当たり組」が有利になるのは、学費以外の教育費が大きな割合を占める「塾歴社会」の反映でもある。

子どもは、わけもわからない幼児のときから、有名幼稚園入学のための予備校や幼児向け英語スクールに通わされる。塾に通って6年制の有名中学に入学したら、「次は東大」と、有名学習塾のチラシを受け取る。本人はうんざりかもしれないが、親はファイトを燃やしている。

競馬に例えるなら、子どもは大学進学に向けて競走馬のように走らされるようなものだ。馬主兼調教師である親に尻を叩かれながら受験レースをひた走る。親は馬主として受験費用を用意し、環境を整えるスポンサーとして頑張る。もちろん財力がものをいう。そのレースを完走すれば、多くの者が有名大学を出て有名企業や医師・弁護士というゴールに入り込め、まさに受験レースの勝利者になれる――。それには、伴走者である親の熱意と経済力が欠かせないというのだ。それでは運にめぐり合わなかった子どもは諦めるしかないのか？　もう少し現状を知っておこう。

馬鹿にならない進学コスト

文部科学省の、子どもの学習塾・習い事などへの支出も含んだ年間の学習費調査（2018年度）や日本政策金融公庫の「教育費負担の実態調査」（2020年度）をもとに朝日新聞が昨年（2021年）次のように試算を報じている。

幼稚園から大学まで全て国公立校だと平均1078万円。幼稚園と小学校は公立で、中学から大学まで私立では1674万円となっている。全て私立だと2533万円である。ただこれは塾や予備校なども含めた学費の平均であり、学習塾などにほとんど通わない児童・生徒の数字も含まれている。

国立大トップ校や医学部の受験生には欠かせない学習塾の費用は、どうなっているだろうか。

有名塾を調べると、集団指導制では、高1～高2は平均年額50万円前後、高3で約60万円となっている。個別指導制では高1～高2は平均年額70万円前後、高3では約80万円で、

100万円を超えるケースもある。このほかに夏期講習費用や合宿代、模擬試験受験料などが100万円近くかかる場合があり、これらは、いわば「常識」となっているのだ。

資金力のある親の子は私立中高入学を目指す。コロナ禍でもオンライン授業を有効に機能させ、進学指導の充実ぶりが伝わる私立校と、かつてのゆとり教育の影響でゆるくなっている公立校との教育格差は、親にしてみれば歴然としており、決意を強めるばかりだ。

こういった私立小中高プラス塾や、予備校から有名校、医学部というコースによる最終学歴の差は、卒業後に収入格差となる。それは親から子、孫へと連鎖して格差は固定化するのだ。

こうして、難関大の合格者数の上位ランクのほとんどを、私立高の生徒が占めるようになった。

例えば、近年の東大合格者数の高校別の実績を見ると、有名私立進学校の開成高や灘高がいつもトップクラスで、国立校の筑波大学附属高や学芸大附属高を除けば、公立校は都立日比谷高だけしかベストテンには入っていない。ベスト11位以下も私立高が多く、かつての地方の公立名門校の凋落が目立つ。

およそ20年ごとに、東大合格者数の高校別の上位実績をまとめたのが、8〜9頁の表である。日本の地域社会の移り変わりもうかがえて興味深い。

大学入試を変えた世情と景気

この表の1970年から20年さかのぼる1950年は、敗戦から5年しかたっていない。この頃は、朝鮮戦争の特需が始まり、戦後日本経済がやっと軌道に乗るか、という時期であった。大学（4年制）進学率は10％に満たなかった（現在・2021年は54・9％）。地方では東大よりも地元の旧制第一中学だった高校に入れるかどうかが、秀才の基準であった。

表にはしていないが、東大合格者は都立高校が大半を占め、神奈川県、埼玉県の通学範囲の県立校が続き、10位以下には新潟県や山梨県の旧制一中のトップ校など地方の名門校が目立っていた。

1970年は高度成長期を経て、進学率も17％強まで伸びた。灘高や東京の国立校が上位を占めている。都立進学校が続くが、この頃は地方の進学校も元気で、実は20位までには愛知の旭丘や広島大附属、愛媛の愛光などが顔を出している。

日本も希望のある時代だった。

ところが1990年ともなると暗転する。1989年末に日経平均株価が、3万900

東京大学合格者数、上位10高校

【1970年】

順位		高校名		合格者数
1	私立	灘	兵庫	151
2	国立	教育大附属駒場	東京	136
3	国立	教育大附属	東京	105
4	公立	西	東京	100
5	公立	日比谷	東京	99
6	私立	開成	東京	86
7	公立	戸山	東京	80
7	私立	麻布	東京	80
9	公立	湘南	神奈川	61
10	私立	ラ・サール	鹿児島	59

【1990年】

順位		高校名		合格者数
1	私立	開成	東京	155
2	私立	灘	兵庫	123
3	私立	桐蔭学園	神奈川	102
4	国立	学芸大附属	東京	100
5	国立	筑波大学附属駒場	東京	95
6	私立	麻布	東京	88
7	私立	栄光学園	神奈川	67
8	私立	武蔵	東京	65
9	私立	ラ・サール	鹿児島	64
10	公立	千葉	千葉	62

【2010年】

順位		高校名		合格者数
1	私立	開成	東京	168
2	私立	灘	兵庫	103
3	国立	筑波大学附属駒場	東京	100
4	私立	麻布	東京	91
5	私立	桜蔭	東京	67
6	私立	聖光学院	神奈川	65
7	私立	駒場東邦	東京	61
8	私立	栄光学園	神奈川	57
9	国立	学芸大附属	東京	54
10	私立	海城	東京	49

【2022年】

順位		高校名		合格者数
1	私立	開成	東京	193
2	国立	筑波大学附属駒場	東京	97
3	私立	灘	兵庫	92
4	私立	聖光学院	神奈川	91
5	私立	西大和学園	奈良	79
6	私立	桜蔭	東京	77
7	私立	渋谷教育学園幕張	千葉	74
8	公立	日比谷	東京	65
9	私立	麻布	東京	64
10	私立	駒場東邦	東京	60
11	私立	栄光学園	神奈川	58
12	私立	海城	東京	57
13	公立	横浜翠嵐	神奈川	51
14	私立	久留米大学附設	福岡	43
15	国立	筑波大附属	東京	42
16	私立	渋谷教育学園渋谷	東京	38
17	私立	ラ・サール	鹿児島	37
18	私立	浅野	神奈川	36
19	私立	女子学院	東京	31
19	公立	旭丘	愛知	31

出典：大学通信ウエブサイト

0円近くをつけたが、年明けには反転。その年の10月には、一時2万円を下回りそうな大暴落となった。今なお日本社会に根深く残る「失われた30年」の始まりである。日本経済は下り坂に入ったのだ。

変わり目は共通一次試験と学校群制度

1970年代後半には、大学進学率は25％を超えた。また1979年に共通一次試験が導入された。それまでは難易度といっても、民間模試の合格・不合格の分布や合格者平均点などを物差しにした相対的なものであったが、全ての国公立大が参加する共通一次試験の自己採点方式での合否50％ラインや、合格者平均点の数字が客観的なものになった。こうして学力偏差値は大学入試の難易度を図る一般的な評価基準になったのである。

その結果、最高偏差値の〝東大信仰〟が生まれ、私立進学校や国立付属校の生徒は東大合格を目指した。

東京ではこんな制度の影響もあった。東京都で1967年から1981年まで実施された「学校群制度」である。複数の高校の「群」をつくり、その中で学力が平均になるように合格者を振り分ける方法である。受験競争の過熱化を鎮め学校間格差をなくす目的であった。対象は公立高校の全日制普通科のみで、国立高、私立高は対象にならなかった。結果的には公立高の間の格差は少なくなったが、公立高と私立進学高との差が広がり、トップ都立高の東大合格者数は激減した。

ただし、学校群制度廃止後に公立高復活の動きが見られる。東大合格実績における都立日比谷高の2022年の復活（8位）はこれが反映している。

東大だけでなく、近年は他の旧帝大系大学や早慶、医学部などでも、私立の有名進学高が上位を占める。私立高の難関大学合格者が増えた分だけ、公立高の合格者数の割合が減ることになる。

高度成長時代には比較的収入が低い家庭でも通えた公立高の出身者は、昨今では難関大合格者が少なくなってきているのである。

その結果、高収入家庭の私立高校生は、大学までの学園生活での交友関係が進学エリートばかりに偏る。多彩な人間が生活する実社会を反映しないため、多様な社会観や人間観が築かれないという問題も生じているのだ。

もっと苦しくなる「ロスジェネ世代」

親として子どもの進学問題に直面する世代は、多くは40代である。現在の40代は、いわゆる就職氷河期の経験者が多い。バブル崩壊後、就職で厳しい体験をした人たちに対して使われるようになった「ロスジェネ＝失われた世代」という言葉は、職業社会に羽ばたくチャンスが失われた世代、という意味である。

具体的には、団塊ジュニアやポスト団塊ジュニアと呼ばれる１９７１～79年生まれの世代、すなわち50代前半～40代前半である。本来なら受験期の子育て真っ最中であるが、バブル期に就職したバブル世代の親とは違う経済レベルの人も多い。しかも、自身の子どもが大学受験の頃には、もっと厳しくなる可能性が高い。

日本銀行の「資金循環統計」をベースに大和総研が調べた「年代別の金融資産の保有残高推計」によると、２０１９→２０３０年の保有金融残高の推移では、30代は80兆円から90兆円へと微増、50代は３００兆円から４００兆円に増加となっている。ところが、これから大学受験関連の教育費がかかる40代は、２００兆円から１８０兆円に減っている。教育費支出のベースとなる金融資産が減るとみられるのだ。

この金融資産が減る「ロスジェネ世代」の両親は、これから自分自身の医療費や介護費がかかる70代後半~80代となり、現在の40代の子どもに、親の介護の負担がのしかかる。十分な経済力のない老親を持つと、当然その介護負担は大きい。「ロスジェネ世代」は子どもの教育費に加え、親の介護費用のダブルパンチで、その子どもたちも「外れ組」となる。

外れ組の受験生は、スタートからハンデを負っていることになる。しかし、諦める必要はない。先述した「学生生活実態調査」をもう一度見よう。東大生の親の年収「４５０万円未満」が14％となっている。当然と言えば当然だが、受験レースを左右するのは親の経済力だけではない。努力と工夫次第で好結果をつかめるのだ。自分の将来にとってベストの学部・大学選びをして、上位校の合格を確保する方法を探っていこう。

本書の狙いは「ランクアップ」

ベストの大学を選ぶにはどうしたらよいか。まず、変化を続けている大学入試の現状を知り、しっかりした戦略を立て、より有利な戦術を選ぶ。

いま国公立、私立とも多くの大学で新しい学部が設置され、その動きは今後も続く。それに伴う「狙い目」の学部を見極めることが大事だ。見極めに成功すれば、選択肢はひろがり、ワンランクアップの大学・学部をゲットできる。

まず志願者の多い私立大、次に国公立大、そして医学部など医療関係と、志望ルートごとに現状を分析し、学部・大学選びの視点を定めよう。

本書は以下の構成となっている（なお、データ類の出典は原則として当該個所に示した。示されていない場合は各大学のホームページなどによる。また、各大学の詳細な入試情報などは、それぞれの募集要項で確認してほしい）。

第1章＝高校新課程で大学入試はこんなに変わる

高校新課程の大学入学共通テスト（以下、共通テスト）が導入される2025年度入試（受験生サイドから見れば2024年秋から始まる受験）を軸に、2024年度入試も含めた大学入試全般の現状と変化を明らかにする。

共通テストの新しい教科科目と実施時期。国立大の学校推薦型選抜と総合型（旧AO）選抜の選抜ルートの本格制度化。そして私立大の共通テストを利用した選抜ルートの拡充にポイントを絞る。さらに表現力や主体性を重視する新課程入試で、増加が予想される小論文や論述式などの出題傾向と、志望理由書の書き方など実例に即した対策をガイドする。

第2章＝私立大の受験生「囲い込み戦略」が激化

全ての私立大の経営ガバナンス改革を勢いづけた「日大事件」が志望動向にどう影響したかをヒントに、私立大の置かれている状況と、急激に変わる入試を中心に紹介する。

経営面では従来の付属校以外に系列も広がって、早期の受験生の囲い込み戦略が進む。保護者世代が受験した頃の私大3教科一般入試の募集人員の枠は、どんどん少なくなっている。そのため実質競争率は上がり、合格ラインが上昇しており、併願作戦も難しくなった。2023年から2025年に向けての私立大入試動向と志願校選びのポイントを明らかにする。

第3章＝早慶上理――進学先選びで早稲田が慶應を逆転

なぜか急難化の早稲田大学政経学部の入試改革。以前は慶應大学の〝別枠扱い〟視されていたSFC（湘南藤沢キャンパス）の総合政策学部と環境情報学部などの人気復活。上智大学理工学部の隠れた魅力。東京理科大学の系列地方私大の公立化と、文理融合や理工系女子受験生などの動きを探る。

第4章＝MARCH――「本当に一般選抜で合格する者はいるのか？」

MARCHの一般選抜は狭き門になっている。受験生からの人気では早慶を上回る明治大学の強みとは？　共通テスト受験を必須として志願減を招いた青山学院大学の人気復調の理由。立教大学は全学部同一日程入試と自由選抜方式の攻略がポイント。予想外に志願者減だった中央大学は、都心エリアに集約して反撃開始。「実志願者数」日本一の法政大学。女子受験生の人気と新傾向の学部の魅力にアプローチする。

第5章＝関関同立――大阪の陣が攻防のカギとなる

大阪公立大学と連携した関西大学の成否はどうなるか。関西学院大学は理工系学部の強化と対面式授業全面実施で評価を上げる。多様性の学風を体現する同志社大学。ベンチャー起業を目指す教育を追求する立命館大学の再始動などを紹介。さらに急追する近畿大学の拡大戦略と当面の課題に焦点を絞る。

第6章＝国公立大学法人化の限界

賛否が割れる10兆円運用規模の「大学ファンド」など「稼ぐ大学」へと迫られる難関国立大。地域貢献を目指す地方国公立大や持続的発展を期しつつも曲がり角にある国公立大。一橋大学にも生まれるデータサイエンス系学部は、国立大の教育資源を生かせるのか？奈良女子大学とお茶の水女子大学に新設される工学系学部に高まる期待と課題。マンモス化した大阪公立大学と都構想との微妙な関係などを解明する。

第7章＝「地域枠」戦略と医療系学部の将来

地方国立大医学部の地域枠が恒久化する。医学部受験生にとって、今や地域枠攻略が大きな戦略になってくる。そのなかで、公立大医学部の地域枠は狙い目か？医学部の合格率で女子が男子に逆転。期待される女性医師と地域医療のあり方も医学部選択のポイントになる。

薬剤師の過剰傾向と医薬分業の将来は？中退率の高い看護学科の実情と在宅医療での看護師の役割などを明らかにしていく。

大学選びで「格差」からの脱出を

激変する入試状況を見すえて戦略を練れば、生まれながらの「運、不運」による格差からの脱出は可能である。そのための最新情報を紹介していく。

本書が、今までのような大学のネームバリューや偏差値だけに左右される大学選びでなく、自分のキャリア設計とリンクさせて、後悔しない大学生活へのガイドになれば幸いである。

ワンランク上の大学攻略法

新課程入試の先取り最新情報

目次

第4章　MARCH ――「本当に一般選抜で合格する者はいるのか？」　119

図表作成／谷口正孝

第1章　高校新課程で大学入試はこんなに変わる

2025年度の新課程入試（24年秋から）について、現在（2022年夏）の段階で具体的な変更が決まっているのは大学入学共通テスト（以下、共通テスト）である。今の高1生からは、共通テストが現行の5教科7科目から、「情報Ⅰ」を加えた6教科8科目になる。

この変更は、国公立大の一般選抜を受ける受験生に関わるだけでなく、私立大の多くが採用している「共通テスト利用入試」にも関係する。

現在進行中で増加している学校推薦型選抜（旧推薦入試）や総合型選抜（旧AO入試）の割合が、さらに拡大して一般選抜に並ぶ入学ルートになりそうだ。基本的に「学力試験一発勝負」で決まる一般選抜に比べ、事前の情報収集や志望大学の学部・学科に対応した学習が必要になってくる。

利用が増えている民間英語検定の活用や、志望理由書などは念入りな検討を重ねて準備しておきたい。特に出題が多様化する小論文・論述試験対策は、1年以上をかけた実践的なトレーニングで「書く練習」を積み重ねることが要求される。

以下、大きく変わりつつある入試の詳細と、その対策を明らかにしていく。

共通テストが大学入試の主役になる

21年ぶりの教科・科目増

2025年度の共通テストは、次頁の表にまとめている通りだが、初めて大学受験に直面する生徒や保護者には分かりづらいかもしれない。

最大のポイントは、国立大の受験生（一般選抜）は原則として、現在の5教科7科目に「情報」の科目「情報Ⅰ」を加えた6教科8科目が課されることだ。

6教科は、①国語②地理歴史・公民③数学④理科⑤外国語⑥情報である。8科目については本文で要点を説明するが、表の［補足］もご一読いただきたい。

「情報Ⅰ」を履修していない浪人生（2024年度以前の卒業生）には、2025年度に限り「旧情報（仮称）」を設け、既卒者向けの問題を出す。「情報」の現行科目（「社会と情報」「情報の科学」）の内容を出題範囲とする「旧情報」と「情報Ⅰ」の平均点に大きな差が生じた場合は、得点調整をすることになっている。

プログラミングや情報リテラシーなどを扱う「情報Ⅰ」の内容は、①情報社会の問題解

2025年度「大学入学共通テスト」出題教科と科目

教科	グループ	科目
国語		『国語』
地理歴史		『地理総合、地理探究』、『歴史総合、日本史探究』、『歴史総合、世界史探究』、※『地理総合、歴史総合、公共』
公民		『公共、倫理』、『公共、政治・経済』、※『地理総合、歴史総合、公共』（※印は同一科目）
数学	①	『数学I、数学A』、『数学I』
	②	『数学II、数学B、数学C』
理科		『物理基礎、化学基礎、生物基礎、地学基礎』 『物理』、『化学』、『生物』、『地学』
外国語		『英語』、『ドイツ語』、『フランス語』、『中国語』、『韓国語』
情報		『情報I』

〔補足〕

(1) 試験形態は、問題冊子及びマークシート式解答用紙を使用し、紙で実施するものとする。この形態に加え、外国語の『英語』については、ICプレイヤーを使用する試験も実施するものとする。

(2) 地理歴史及び公民については同一の試験時間に実施するものとする。

(3) 数学については、①及び②の出題科目のグループごとに試験時間を分けるものとする。

(4) 入学志願者は各大学の指定に従い、以下のとおり解答するものとする。

1) 地理歴史及び公民については、以下のとおりとする。

ア 上記6出題科目のうちから最大2出題科目を選択。

イ『地理総合、歴史総合、公共』を選択する場合については、出題範囲（「地理総合」、「歴史総合」、「公共」）のうち、いずれか2科目（「地理総合」及び「歴史総合」、「地理総合」及び「公共」、「歴史総合」及び「公共」）の内容の問題を選択解答。

ウ 2出題科目を選択する場合は、以下の組合せ以外の出題科目の組合せを選択。（別掲の図表参照）・『公共、倫理』と『公共、政治・経済』の組合せを選択することはできない。・『地理総合、歴史総合、公共』を選択した者は、選択解答した問題の出題範囲の科目と同一名称を含む科目の組合せを選択することはできない。

2) 数学については、以下のとおりとする。

ア グループ①については、上記2出題科目のうちから1出題科目を選択。

イ グループ②については、『数学II、数学B、数学C』の出題範囲のうち、「数学B」及び「数学C」は、「数学B」の2項目の内容（数列、統計的な推測）及び「数学C」の2項目の内容（ベクトル、平面上の曲線と複素数平面）のうち3項目の内容の問題を選択解答。

3) 理科については、以下のとおりとする。

ア 上記5出題科目のうちから最大2出題科目を選択。

イ『物理基礎、化学基礎、生物基礎、地学基礎』を選択する場合においては、出題範囲（「物理基礎」、「化学基礎」、「生物基礎」、「地学基礎」）のうち、いずれか2科目の内容の問題を選択解答。

出典：大学入試センター

決、②コミュニケーションと情報デザイン、③コンピュータとプログラミング、④情報通信ネットワークとデータの活用である。

試験時間は60分。2025年度はパソコンやタブレットは使用せず、マークシート方式で実施される予定だ。パソコンやタブレットの利用状況に格差が見られることから、この対応になったようだが、情報教育に詳しい関係者などからは、「プログラミングの能力を測るのに、マークシート（紙ベース）で判定することに、どれほどの実効性があるのか」という疑問の声もある。

18歳人口の減少で共通テストの受験者の絶対数が減っていくことは避けられない。将来、試験にパソコンやタブレットを利用する場合、そのコスト増で、共通テストの受験料が上がる可能性も高い。受験料も値上げとなれば、家計の負担感が強まり、私立大受験生の共通テスト利用方式離れが進むかもしれない。

また「情報Ⅰ」の必修化については、近年のデジタル教育の進め方が性急で、指導できる専門教員が不足している問題も指摘されている。東京都などでは情報科専任の免許の教員採用も行われているが、地域によっては理科や数学の教員が兼任している場合があると聞く。大学における小中高の教員養成課程に情報科教員専攻が十分に整備されていない現状では無理もないが、「情報Ⅰ」を大学入試に導入するのであれば、早急に改善されるべき課題だろう。

どれだけの大学が「情報Ⅰ」を試験科目に採用するかについては、現時点では不明だ。ちなみに、東京大学では2022年3月に、「令和7年度大学入学者選抜大学入学共通テストの東京大学における利用教科・科目の予告について」を公表し、共通テストの「情報Ⅰ」を利用することとしている。

2025年度（令和7年度）以降の試験に向けた検討状況については、大学入試センターのホームページで公開される情報をチェックしておきたい。

「歴史総合」は近現代の、世界と日本の知識が問われる

文部科学省より2018年に告示された新学習指導要領によれば、近現代を中心に日本史と世界史の両方を学ぶ「歴史総合」、文化や国際協力、環境、防災などを学ぶ「地理総合」、主権者教育を柱とする「公共」が新設される。そして、2025年度に実施される共通テストから入試科目になる予定だ（36〜37頁の表参照）。

新学習指導要領で行われる高校の授業の「歴史総合」「地理総合」「公共」「理科基礎」

が、共通テストだけでなく国公立大や私立大の個別試験（一般選抜）でどう取り扱われるかポイントになりそうだ。

東京大学では、前述の予告で、高校新課程で必修科目となっている「歴史総合」「地理総合」「公共」について、単体では試験科目としては認めないと発表した。ちなみに現在（旧課程）の共通テストでも、「倫理」「政治・経済」は、単体としては試験科目には認めていない。「倫理・政治経済」で1科目扱いである。

「歴史総合」では、18世紀以降の日本と世界の歴史が対象となる。これまでの日本史か世界史のように、日本・世界のいずれかの歴史の理解をベースとした歴史上の出来事の因果関係とその影響への理解を中心とした受験対策では、「歴史総合」の対策としては十分ではない。近現代における日本と世界を相互に関連付けて考えながら、広く理解する受験対策が必要になってくる。

例えば、「歴史総合」の入試問題に、現代の経済成長を世界各国の高等教育機関進学率と関連付けて考えさせるような問題が出る可能性もある。また、第1次世界大戦時の国内や世界の情勢はどうだったか、さらに当時の国際連盟の役割と限界などの理解を問うことも十分にあり得る。

共通テストの地理歴史・公民の選択方法（2025年度）

※下記6出題科目のうちから2出題科目を選択する場合は、「○」の組合せから選択でき、「×」の組合せは選択できない。

『地理総合、地理探究』	『歴史総合、日本史探究』	『歴史総合、世界史探究』	『地理総合、歴史総合、公共』			『公共、倫理』	『公共、政治・経済』
			「地理総合」及び「歴史総合」	「地理総合」及び「公共」	「歴史総合」及び「公共」		
	○	○	×	×	○	○	○
○		○	×	○	×	○	○
○	○		×	○	×	○	○
×	×	×				○	○
×	○	○				×	×
○	×	×				×	×
○	○	○	○	×	×		×
○	○	○	○	×	×	×	

『地理総合、地理探究』	
『歴史総合、日本史探究』	
『歴史総合、世界史探究』	
『地理総合、歴史総合、公共』	「地理総合」及び「歴史総合」
	「地理総合」及び「公共」
	「歴史総合」及び「公共」
『公共、倫理』	
『公共、政治・経済』	

出典：大学入試センター

一方で、大学サイドも今までのように細かい暗記をベースにした問題や、逆にあまりにも発展・応用的な問題は出しにくい。受験生から見れば、新聞の国際面の記事や解説をよく読み、歴史の流れを理解することが不可欠となる。

昨今のウクライナ問題に関連して、近現代史におけるソ連の成立と冷戦、冷戦終結後の欧州の動向や文化と宗教、民族と国家などを問うのは、本来「歴史総合」にふさわしいテーマだ。

地理総合では「SDGs」の課題への理解が不可欠

選択科目だった「地理A」に代わって必修となった「地理総合」も同様だ。現在の国際的課題になっている「SDGs」（持続可能な開発目標）に関連して、文化、国際協力、環境、防災などを学ぶことも多い。いずれも最近注目され、新聞やマスコミなどでもよく取り上げられているテーマである。

電子化した地図上に、人口密度や標高、施設といった関連データを重ねて分析・管理する地理情報システム（GIS）も学習する。

現状では高校の「地理」は、必修科目の「現代社会」の登場や1994年の「世界史」の必修化で、履修者が減少しつつあった。そのため、私立大の入試を中心に「日本史」や「世界史」を残し、地理を選択科目から外す傾向も相まって、〝地理じり貧〟の状況が続いていた。

ところが「地理総合」の必修化で様相が変わるかもしれない。多くの私立大でも必修の「地理総合」は受験科目からそう簡単に外せないと考えられるからだ。ただ、これまで地理AとBは別の出題科目だったが、3年後の共通テストで「地理総合」と「地理探究」は一つの出題科目となる。国公立・私立ともに「地理」の扱いは要チェックだ。

「理科基礎」の選択は、このように戦略的に考えよう

理科では、「物理基礎」「化学基礎」「生物基礎」「地学基礎」のうち2科目が一つの試験科目として扱われる。

国公立大の文系学部を受験する人は、右記の4科目から2科目を選択することになると思われる。ただ、時間は2科目合わせて60分なので、どのように配分して解答時間に充てるかは、受験生が各自で決める。

配点は1科目50点、2科目合計で100点。この4科目は出題範囲が狭いので、共通テストで効率的に高得点を狙える科目で、高校の教科書の範囲が中心である。そのため高3の夏休みまでに、ある程度マスターしておきたい。その意味では、高校2年までの授業で履修した科目を選び、その復習という勉強法が効率的だ。

得意科目がはっきりしているなら、選択は簡単だ。特に得意科目がない場合は、暗記学習が得意なら「生物」や「地学」、物質の理解にも関心があり、計算問題に抵抗がないなら「化学」、暗記より論理的思考が好きで計算問題も苦にならないなら「物理」というゆ

るい選択基準で考えてもよいだろう。

共通テストの出題教科や科目の再編によって、従来よりも幅広く基礎学習をしなければならなくなった影響は、近年増えている私立大の共通テスト利用入試にも及ぶだろう。

共通テストを12月に前倒ししてほしいと私大連が要望

共通テストの実施時期の問題も浮上しつつある。

２０２１年に、日本私立大学連盟（以下、私大連）はホームページで、「共通テストの実施時期を1カ月前倒し（12月をめど）して、その成績を多面的、総合的な評価の一部に使えるようにしてほしい」と表明している。

ちなみに２０２２年度の共通テストの日程は、本試験が1月15・16日、追・再試験が29・30日、成績提供開始日が2月7日であった。

そのため私大連は、「私立大学の個別選抜は、2月1日から始まるため、大学共通テスト（の一部）と各大学の個別選抜の組み合わせで評価したくても、2月上・中旬に個別選抜を行う私立大学は、この方式を採用することができない。また、成績提供日が遅れることで、最も影響を受けたのが、2月上旬に個別選抜と大学入学共通テストの合格者を同日に発表してきた私立大学である」旨を指摘している。

最近増加している学校推薦型選抜については、「大学入学者選抜実施要項」では判定結果の発表を「一般選抜の試験期日の10日前まで（学校推薦型選抜で共通テストを活用する場合は前日までのなるべく早い期日）」と定めている。ところが、多くの私立大の個別選抜が2月1日から始まる状況では、共通テストの成績を学校推薦型選抜では実質的に活用できない。

こうした現実を踏まえて、田中愛治私大連会長（早稲田大学総長）は「現在の共通テストの日程では、同テストを活用した個別学力検査を実施することは事実上不可能」と指摘したのだ。

このように私大連が「共通テストの実施時期を現行の1月から12月をめどに1か月前倒しにすべきだ」と訴えたものの、どうなるか判断は難しい。共通テスト試験日の前倒しは高校3年の授業への影響が大きいことから、慎重な検討を重ねる必要がある。もし実施日を変更するとしても、早くて2025年の新課程入試からが現実的であろう。

増加する学校推薦型選抜・総合型選抜

新課程入試で入試のメインルートへ

昨今の入試種類別の動向を入学者数で見ると、国公私立全体では、一般選抜（一般入試）が減っていることがわかる。2014年→2021年の7年間では、学校推薦型選抜（推薦入試）34・4％→37・6％、総合型選抜（AO入試）8・6％→12・7％、一般選抜は56・6％→49・5％となっている。一般選抜は、ついに50％を切ったのだ。

他に帰国子女入試や社会人入試などの「その他」枠があるが、全体に占める割合は小さい。リカレント（学び直し）教育のブームで、増加が予想されていた社会人入試も意外と伸びず、国立大で微減、公立大と私立大で微増となっている。

2017年に、国大協が打ち出した「2020年度以降の国立大学の入学者選抜制度―国立大学協会の基本方針―」（2017年11月10日・2021年9月17日改訂）の中には、「2021年度までに国立大学全体としてAO入試（「総合型選抜」）、推薦入試（「学校推薦型選抜」）の占める割合を入学定員の30％とすることを目標にしている」との記載がある。受験生の学力のみを評価する筆記試験重視に偏らせず、新課程入試からはさらに思考力や判断力を重視する。2023年度の選抜要項でも評価方法として、例えば「小論文等、プレゼンテーション、口頭試問、実技、各教科に係るテスト、資格・検定試験等の成績」を挙げている。

これは2025年からの新課程入試の方針とも合う。例えば、自主研究、クラブやボランティアなどの高校での活動歴も含めて、総合的、多面的に評価できるからである。その意味では、国公立大の学校推薦型選抜や総合型選抜も新課程入試の方針とマッチしており、今後、増加していくことは間違いないだろう。

東京大学の推薦入試（現・学校推薦型選抜）は2016年度に採用され、当時はマスコミなどで話題を呼んだ。大学入試センター試験の成績条件が非常に高く、これなら一般入試でも合格できる、という声もあった。最近は合格者数も増えている。

科学オリンピックをはじめとした全国レベルの大会・コンクールや、語学の資格・検定試験の高成績者など、学部によって異なる推薦要件が指定されることもある。

京都大学には「特色入試」があり、ホームページにはこんな記載がある。

「特色入試では、高大接続と個々の学部の教育を受ける基礎学力を重視し、1.高等学校での学修における行動と成果の判定、2.個々の学部におけるカリキュラムや教育コースへの適合力の判定を行い、1と2の判定を併せて、志願者につき高等学校段階までに育成されている学ぶ力及び個々の学部の教育を受けるにふさわしい能力並びに志を総合的に評価して選抜します」

さらに「京都大学各学部が特色入試を通じて求める人物像」も具体的に公開している。大阪大学の総合型選抜・学校推薦型選抜受験サイトには「本選抜のねらいについて（基本方針・期待する学生像・選抜の種類・各学部の特徴・先輩の声を聴く）」などが詳しく記載されている。

こうした国立大の難関校でも、その大学が「期待する学生」を求めて、新課程も視野に入れて入試が多様化している。東北大学の調査で「AO入試（総合型選抜）の学生のほうが一般選抜よりも入学後の成績がアップした」という結果が出たこともPR効果として効いているのかもしれない。

また私立大では受験料が大きな収入源であるため、志願者総数が増える入試の多様化には積極的である。有名私大は「指定校推薦」がメインで、今でも多いが、さらに、付属校とは別の系列校を増やし、その系列校の推薦入学者も増えている。

早稲田大学では、「一般選抜よりも他の入試による入学者のほうが入学後の成績が良い」、という調査結果を強調している。もっとも、その一方で、ある中堅私大の入試関係者は「一般選抜合格者が入学後の成績で劣るということはない」と指摘している。

注目を浴びる総合型や学校推薦型の女性合格者

週刊誌などで国立大学の学校推薦入学者の活動歴の紹介や、出身高校の特集が組まれることが毎年の企画になっている。朝日新聞の「ひと」欄に紹介された京都大学の特色入試（総合型選抜）に飛び級合格で入学した林璃菜子さん、東京大学文Ⅲに推薦入学して『AIとカラー化した写真でよみがえる戦前・戦争』を共著で発刊して注目された庭田杏珠さんなどの取材記事も目立った。

入試の多様化が叫ばれる背景には、「一般選抜のみだと必然的に進む学力偏差値による受験競争の激化と、それによって引き起こされる大学全体の序列化現象を何とかしたい」という問題意識があった。

さらに、前期・後期の分離分割方式だった国立大の難関校では、時間的にも厳しく入試事務の負担も多い後期試験を廃止する代案として、東京大学では学校推薦型選抜を、京都大学では特色入試を導入した。いずれも、偏差値偏重や序列化の是正のために導入したわけではなかったようだ。

ところが、最近では、東京大学などは学校推薦型選抜の募集定員を増やしている。じっくり選考に時間をかけられるし、地方の高校などからの出願者も多くなったことも評価してのことであろう。一方で、首都圏などに有名大学の総合型選抜対策に特化した受験塾も増え、新たなる受験環境の地域格差も問題視され始めている。

ただ、今まで一般選抜がほとんどだった上位ランクの大学で総合型選抜や学校推薦型選抜の枠が広がりつつあるこのチャンスを逃すべきではない。

学力偏差値で輪切りにされて実力相応の大学に振り分けられていた今までの大学入試とは違い、確かな目標と長期戦略によって、ワンランク上の大学合格を手中にするチャンスが多くなったのだ。

地方の高校の教育効果が生まれるか？

東京大学や京都大学だけでなく、東北大学や大阪大学などの難関校も総合型選抜や学校推薦型選抜の導入に積極的になったことが、地方のトップクラスの進学高に与えた影響は大きい。例えばSSH（スーパーサイエンスハイスクール）の課題研究に取り組む福井県の藤島高校では、今まで以上に「推薦入学の小論文指導」に力を入れている。このような地方進学高の総合型選抜・推薦狙いの進学指導は、より強化されている。

東北大学の「AO入試（総合型選抜）」は、高大接続を前提としており、地元高校の東北大学第1志望の受験生を早期確保する狙いがあるようだ。例年、新入生数の上位は地元の常連校で占められ、東北地方の有名進学高は「東北大学への入学実績でランク付けされる」という声もある。

また、それまでほぼ進学実績がなかったのに、2020年春、国公立大への合格者数を推薦入試向けの小論文指導で20名に増やした商業高校なども生まれた。その私立福岡女子商業高校（福岡県那珂川市）はメディアで大きく取り上げられた。

このように、難関国公立大の学校推薦型選抜や総合型選抜の入学定員枠を拡大する動きは、地方の高校における教育改革の促進力に大きくつながる可能性がある。

経済困難な受験生に学校推薦型や総合型の効用？

認定NPO法人「キッズドア」（東京都中央区）は、この法人の奨学金を受給した受験生と保護者を対象としてアンケートを実施した（2021年度、回答数601件）。その奨学金支給対象の家庭は、年収200万円以下が96％を占める。また、ひとり親世帯は84％である。半数近くがコロナ禍による失業や収入減などの影響を受けた家庭だという。

新型コロナウイルスの感染拡大後2回目となる今回の調査では、前回の2020年度と比較して、「受験校数を減らした」という回答が9ポイント増えて67％となった。その結果、受験校（学部）数は「1校だけ」が46％で最多、「2校」は16％となっている。

一般に、併願（学内併願含む）の受験校数は、実質的に4～6大学（学部）が平均値と言われる。具体的には、国公立大の前期・後期も含めてチャレンジ校1～2校、学力偏差値で実力相応かやや上の2校、合格確率が高い安全校1～2校の計4～6校というケースが多いようだ。私大受験生には、もっと多いケースも少なくない。そのため、このアンケートの自由記述欄には「受験料が平均3万5000円もするので、お金は水のようになくなる。頑張る受験生に優しい世の中になってほしい」という言葉もあったという。

同調査で自身の子どもが推薦入試を受験した保護者のうち47％は「一般受験（一般選抜）でなく、推薦を選んだ」となっている。

キッズドアは文科省に「大学進学機会の公平性確保についての緊急提言」を行った。同基金の代表理事は「受験料が出せず、推薦で合格できる大学にランクを下げた受験生も多い。4~5校受けるのが通常の私大受験で、受験校数を切り詰めるのは、大きな格差につながる」と警鐘を鳴らしている。

半面、学校推薦型選抜はともかく、総合型選抜では「意外と受験生の家庭の経済格差がマイナスに影響する」という声もある。「ヤングケアラー、家事や家業のサポートをやらざるを得ない高校生には、総合型選抜で自己アピールするほどの活動や社会体験をする経済的・時間的な余裕がない」という見方があるからだ。

このように、いろいろな意味で、学校推薦型選抜や総合型選抜にも、受験生の家庭の経済格差が反映されてしまう現実がある。今後、考慮すべき課題である。

志望理由書で自分の進路設計を明確にする

志望理由書を書くことからスタート

学校推薦型選抜や総合型選抜に欠かせないのが、志望理由書の書き方と面接の対策だ。

面接も志望理由書に基づいての質問が少なくないので、対策の基本は、「合格できる」志望理由書を書くことである。

志望理由書は、志望する大学の学部・学科で何を学びたいか、その学びの成果を自分の将来の職業生活でどう活用していくか、ということがベースになる。「大学で何を学びたいか」というテーマで、800~1000字程度にまとめるパターンが結構多い。在学する高校のキャリア教育が充実し、キャリアプランニングの指導が一貫していれば、大学進学の目的にマッチした自己分析のベースはあるはずだ。

コピーを取りやすく、あとで訂正しやすいという理由で、トレーニングではパソコンで書く人もいるだろう。しかし、丁寧に〝手書き〟すべきだ。自身の手で書くことによって、自分なりに論点を整理しながら、まとめられるので、記憶に定着しやすく理解も進むからだ。

内容としては、志望大学の学部・学科の学びと自分のキャリアプランが、合理的に連結しているかどうかが、志望理由書のキモになる。逆に言うと、高2の時から、志望理由書を書く前提で、自分が考える将来のキャリアプランを考え、それを基本に志望大学の学部・学科選びをすれば、学力偏差値にとらわれない志望大学の選定ができるので、志望理由書のアウトラインが描けるはずだ。

近年、増加している国公立大の学校推薦型選抜や総合型選抜で課される志望理由書なども、具体的な将来ビジョンと、それに基づく大学選びが基本である。

学部・学科選択の動機を文章化する

看護学部、薬学部など将来の職業と直結している場合は、その職業をなぜ選ぶかがポイントになる。その場合、選択理由の裏付けとなる具体的な強い体験を書くと説得力を増す。

例えば、近親の高齢者が訪問看護を受けた際、訪問看護師のプロ意識に裏付けられた医療行為に接して、社会的意義を感じたことなどだ。

ただし具体的な事例だと説得力を増すが、それに関する正確な理解がなければ、逆効果になるので注意が必要だ。例えば、在宅医療の社会的役割とその種類を知っておく。公的介護保険における訪問看護と訪問介護などを混同していると、その主張は説得力に欠ける。これらの対策ができていれば、面接で質問されたときにも明確に答えられる。

公認会計士、法曹など有力国家資格を目指す場合は、志望理由書を書くにあたっては、その社会的役割と自分が果たしたい使命に関して、資料も多いので事前に準備しやすい。

例えば、中央大学法学部の総合型選抜である「チャレンジ入試」の入試要項は次のような内容になっている。同入試には、出願する3部門があり、
【リーガル部門】法曹、企業法務、市民活動等の法的な分野での活躍をめざす者。
【パブリック部門】国、自治体、メディア、NPO等の公共的な分野での活躍をめざす者。
【グローバル部門】国際機関、国際的企業、NGO等のグローバルな分野での活躍をめざす者――である。この部門間での併願はできない。

自己アピール書の課題は、①出願する部門を念頭に置いて、あなたの性格と強み・弱みを説明してください（800字以内）②出願する部門を念頭に置いて、あなたがこれまでに実践してきたこと（課外活動を含む）を具体的に記載し、そこからあなたが何を得たかについて説明してください（1000字以内）③出願する部門の最近（過去5年程度）の課題や出来事を取り上げて、あなたが問題だと思う点を説明するとともに、考えられる政策や対応策を提案してください（1000字以内）である。

志望理由書は、①出願する部門に即して、将来、あなたが実現したいことや実行したい業務・プロジェクト等について具体的に説明してください（1000字以内）②「私の夢」を実現するために、中央大学法学部で何を学び、どんな学生生活を送りたいと考えて

いるか、実現可能性に留意して具体的に説明してください（1000字以内）――となっている。

これらの5種の質問は、やや高度なものもあるが、志望理由書については、他の大学の総合型選抜や学校推薦型選抜に共通する、スタンダードなものであろう。

将来の職業や資格に直結しない文学部や外国語学部などの場合は、なぜその分野に関心を持つようになったかを、客観的に論述できるようにしておきたい。

地方の大学では、学部・学科の選択理由に関連して、「地域貢献」などが質問されそうなテーマであるが、意外と難しい。どのような地域で、どのような活動や事業で地域貢献をするのか、という具体的なイメージを語れないと、〝思いつき〟と思われて、逆効果になることもあるので注意しよう。特に面接のときは要注意だ。

プレゼン対策が必要になる選抜もある

志望理由書が出来たら、その書き方の指導を受けた高校の先生とは別の先生にも見てもらうことがポイントだ。クラスの担任か、クラブの指導教師、ダメなら学習塾や予備校の先生でもよい。別の専門家に目を通してもらい、第三者のさまざまな評価・批判を受けることで自分自身も理解できるからだ。客観性が増すだけでなく、内容的にも深みが出てくる。

これは入試のプレゼンテーションにも言えることだ。プレゼンは、自己アピールや志望動機とその理由、あるいは課題のテーマについて、自分の見解や意見を表明することが基本である。ただ、級友たちの仲間内での練習だと気楽でよいが、実際の受験用のプレゼン対策としてはあまり効果を期待できない。親しい間柄なので、説得力のないプレゼンでも受け入れられるし、客観的で批判的な視点はあまり期待できないからだ。

できれば1対1で、クラス担任以外の教師とか、親の知り合いのビジネスマンなどを相手に、その人に理解してもらえるようなプレゼンのトレーニングをしたほうが効果的だ。面接やプレゼンの模擬トレーニングを、実際の受験のような設定にして、あまり親しくない社会人を相手に、説得力を持って練習しよう。

これは口頭試問の対策にも言えることである。

民間英語検定活用の大学が増加

国公立大での活用は多様なパターン

国公立大でも、民間英語検定などの英語外部試験を利用する大学が増えている。外部試験には英検、GTEC、TEAP、TOEFL iBTなどがある。

外部試験に全学部が参加するのは、広島大学、九州工業大学、佐賀大学、鹿児島大学などだ。千葉大学や東京海洋大学、金沢大学では複数の学部で参加している。他にも秋田大学（国際資源）、東京芸術大学（音楽）、福井大学（国際地域）、九州大学（共創）、長崎大学（多文化社会）、宮崎大学（工）などが利用している。公立大では国際教養大学、叡啓大学、兵庫県立大学（国際商経）、尾道市立大学（経済情報）などがある（2022年度入試）。

一般選抜の前期での利用が多いが、後期も利用している大学もある。利用の方法については、出願に一定のスコアを必要とするもの、条件を満たせば英語を満点とみなすもの、共通テストや個別試験の得点に加算や換算するものなどがある。

民間英語検定のほとんどを対象とするケースから、福井大学（国際地域）のように「TOEFL iBTテスト」のみに限定のケースもある。

私立大は検定の成績を評価基準に

私立大では、民間英語検定の結果をそのまま利用するケースが多い。２０２２年度入試で見てみよう。

上智大学のように自大学と英検が共同開発した「ＴＥＡＰスコア利用方式（全学統一日程入試）」がある。事前に受験したＴＥＡＰまたはＴＥＡＰ ＣＢＴのスコアと、独自の教科・科目試験の結果で、合否判定を行う方式だ。上智大学のホームページには「ＴＥＡＰスコア利用方式（全学統一日程入試）とは」「事前に受験したＴＥＡＰまたはＴＥＡＰ ＣＢＴのスコアと、本学独自の教科・科目試験の結果で、総合的に合否判定を行う選抜方式」と記載がある。

明治大学では、経営・国際日本・総合数理・農の全学部統一日程入試で利用する。また経営・商・国際日本などの学部では、英語４技能活用方式も設けている。

青山学院大学では、全学部で共通テストと英語資格検定のスコアを得点化する。

立教大学でも全学部で独自の英語試験を課さず民間英語検定か共通テストの英語のどちらかを使えるようにした。

中央大学でも、文・総合政策・経済・国際経営・理工・国際情報などで実施している。法政大学も全学部（一部学科の場合もあり）で、民間英語検定を利用している。また法学部国際政治学科の総合型選抜で、英語外部試験利用入試を実施している。法政大学のホームページには「英語外部試験の基準を満たせば、1科目で受験が可能」と記載がある。

関関同立では、共通テスト利用方式なども含めて、民間英語検定を利用しているケースがある。

関西大学はほとんどの学部で、英検などを活用している。同志社大学では推薦入試で活用している。関西学院大学の共通テスト利用方式には、英語資格検定活用型がある。立命館大学の国際関係学部は、IR方式（英語資格試験活用型）がある。

小論文・論述式の傾向と対策

小論文指導によって国公立大の合格実績を伸ばす

国公立大推薦入試向けの小論文指導が功を奏し、近年は20名近い合格者を出すようになった前述の私立福岡女子商業高校の小論文指導などは参考になる。

国語教諭の校長は「大事なことは興味を持ちにいくこと」「小論文は序論から結論までぶれちゃいけない。これから文章をめちゃくちゃ書いていくので、意識しなくてもぶれることはなくなっていくから」と朝日新聞の取材に答えている。ともかく書くトレーニングを積み重ねることが重要なのだ。同校の小論文・論述試験のターゲットは、学校推薦型選抜だ。一般選抜と違って、志望理由書や面接、小論文などで合否がほぼ決まることが多いからだ。

課題として出された小論文を書くために、学校の自主学習室で、用意された新聞などのコピーを切り抜いて「小論文ノート」をつくり、試験に備える。夏休みにも開講し、2学期に入ると、平日はほぼ毎日学校で指導し、生徒一人が書いた小論文は60本ほどになったという。

こうして一般選抜向けの受験勉強よりも学校推薦型選抜に的を絞って、効果を発揮させている。それが、国公立大への合格者が大幅に伸びる結果に結びついた。要するに課題に沿って書くトレーニングを重ねることが大切なのだ。

小論文・論述試験は、大学により内容やレベルも千差万別

小論文といっても、最近は一つのテーマ（題目）を与えて作文を書かせるテーマ型は少なくなった。題材となる文章を読ませて書かせる課題文型や、データなどの資料を提示して、それに関して書かせる資料型小論文がほとんどである。その意味では、小論文と論述式との境界はあいまいになっている。論述式でも、字数がかなり長い出題もある。

東京大学文学部の学校推薦型選抜は、2022年度の場合、まず出願時に高校の「総合的な学習の時間」などで学んだことをもとに資料を提出させる。その資料とは、自主的な研究活動や社会貢献活動、雑誌などに発表された論文、外国語の語学力の証明書、何らかの賞の受賞証明書などだ。さらに選考では1日目に小論文、2日目に面接としている。表現力重視なのがわかる。

京都大学の「高大接続」特色入試の文・法（後期）・薬の各学部や農などの一部学科では、論文試験（小論文）を課している。

名古屋大学法学部は、一般選抜（個別試験）でグローバル化社会のさまざまな問題の解決に向けて積極的に寄与するために必要な意欲や能力を、外国語（200点）および高校

の地理歴史、公民の学習を前提とする小論文（200点）によって評価している。

その他の国立大でも学校推薦型選抜や総合型選抜を導入する動きが加速しており、進学設計の重要な選択肢となっている。その場合、その選抜方式で多く採用されている小論文の傾向と対策がポイントとなってくるのだ。

学校推薦型選抜・総合型選抜で小論文が課された主な国立大には、旭川医科大学（医学科）、岩手大学（教育）、東京医科歯科大学（医学科）、一橋大学（全学部）、横浜国立大学（経営）、大阪大学（文・人間科学・外国語・医）、島根大学（医）、佐賀大学（経済）、長崎大学（水産）、熊本大学（文）、大分大学（経済）、琉球大学（人文社会）などがある。

公立大でも同様の条件で探すと、結構多くの大学がある。

岩手県立大学（社会福祉）、秋田県立大学（生物資源科学）、茨城県立医療大学（保健医療）、高崎経済大学（地域政策）、富山県立大学（看護）、石川県立看護大学（看護）、公立小松大学（国際文化交流）、名古屋市立大学（人文社会）、神戸市外国語大学（外国語）、公立鳥取環境大学（経営・環境）、島根県立大学（国際関係）、下関市立大学（経済）、山口県立大学（国際文化）、高知県立大学（看護）、福岡県立大学（看護）、宮崎公立大学（人文）などである（一部学科のみなどの場合は除く）。

過去数年の小論文出題傾向をリサーチしよう

国公立大の学校推薦型選抜・総合型選抜で課される小論文では、2020～2021年は多くの大学がテーマに「コロナ禍」を取り上げた。特に医療や福祉に関わる学部・学科の入試で課す小論文では、受験生の医療や看護に対する心構えを問うのに最適のテーマであると考えられるため、2022年入試でも少なくなかった。

ただ、コロナ禍が浮き彫りにしたさまざまな問題に関して、その社会的・思想的意味を問うテーマが一般選抜にも出ている。例えば、静岡大学人文社会科学部（法・後期）の小論文の出典は、最上敏樹の「世界隔離を終えるとき」で、村上陽一郎編『コロナ後の世界を生きる――私たちの提言』からの引用だ。ポストコロナの社会状況（コロナによってグローバル化が後退し、国民国家の復権）がテーマになっている。

さらに受験生世代に最も関係の深いSNSに係るテーマも多く取り上げられている。

高知大学人文社会科学部（前期）の課題文（宮下紘著『プライバシーという権利――個人情報はなぜ守られるべきか』）では、SNSの個人情報が選挙活動に利用された事件を紹介している。2016年のEU離脱に係るイギリスの国民投票と、トランプ氏が当選したアメリカ大統領選挙において、フェイスブック利用者の個人データが選挙活動に利用された「フェイスブック&ケンブリッジ・アナリティカ事件（FB=CA事件）」だ。SNSと個人プライバシーの問題が問われている。

プラットフォームで個人の情報をビッグデータとしてビジネスに利用されている現実と個人プライバシーの問題として、県立広島大学地域創生学部（学校推薦型選抜）の小論文のテーマになったことがある。課題文の筆者はその効用を主張しているが、その危険性も認識すべきで、その点がこの小論文の出題意図となっている。

大分大学医学部看護学科（学校推薦型選抜）の小論文では、映画やドラマやアニメを倍速視聴、もしくは10秒飛ばしで観る習慣に対する違和感から始まる課題文であった。最新のテーマと言えよう。究極的には私たちの「自由」に関わる問題という視点から、論文をまとめる内容になっている。

多くの大学で入試問題文作成のタイミングである8月頃は、ロシアのウクライナ侵攻問題はまだ流動的なので、2023年度入試ではウクライナ問題そのものが取り上げられる可能性は低いだろう。ただ、ウクライナ問題を契機に、国家と戦争、民族と文化、軍備と平和という一般的なテーマが、さまざまな視点から課題文のテーマとして取り上げられる可能性がある。これらのテーマに関して、自分なりに表現できる視点を持っておきたい。戦争によってもたらされる平和とは、を考える時、やはり近現代史の知識が必要になる。

関連して、国連問題も取り上げられるだろう。とりわけ最近、問題になっている安全保障理事会の中国・ロシアなど大国の拒否権は、第2次世界大戦前の国際連盟時の反省に基づいて取り入れられた、という経緯があり、それは戦前の日本の国際連盟脱退にも関連があった、という知識は最低限必要である。正確な歴史認識は欠かせない。

ただし、このような時事的要素よりも、名古屋大学法学部のように、現代社会全体の思想的テーマを取り上げるケースも相変わらず多い。同大学の2022年度の一般選抜前期における課題文は、経済学者猪木武徳氏の『自由と秩序――競争社会の二つの顔』の一部から抜粋し、出題用に編集を加えたものである。

現代社会の競争によって生じる過度な報酬によって、社会にゆがみをもたらすこともある、という内容だ。「社会における競争を過度に刺激したために『ゆがみ』や不正が生じているとあなたが考える具体例を一つ取り上げながら、その競争において適正さやバランスを保つためには、どのような評価・報酬の制度を創り、どのように運用すればよいかについて、論じなさい」という問いであった。

有名私大でも小論文が徐々に増加か

小論文は、国立大だけでなく私立大でも採用されている。1990年度入試から日本で初めてAO入試を導入した慶應大学SFC（湘南藤沢キャンパス）の総合政策学部と環境情報学部は、一般選抜でも、本格的な論文試験があった。

2022年度の入試（一般選抜）でも、文、経済、総合政策、環境情報、看護医療の各学部が小論文、法と商（B方式）は論述テストであった。慶應志望の文系受験生にとっては、論述力は必須なのだ。

青山学院大学文学部の英米文学科の推薦入試では、時に英文の設問に英語で答える英語小論文を書かせる。

立教大学の一般入試（一般選抜）は、全学部統一入試をアレンジしたユニークな入試スタイルで自由選抜入試を実施している。文学部教育学科、理、社会、観光、経営学部国際経営学科、異文化コミュニケーション、現代心理学部心理学科など、小論文を課す学部・学科が多い。

観光学部は、一般入試（一般選抜）で観光とAIというテーマで、諏訪正樹氏の『「間合い』とは何か――二人称的身体論』という資料文から論述式で出題された。

「状況依存性」とは、あらかじめルールとして規定された知識を持っていなくても、場の状況に臨機応変に反応して対処する知性を人が持っている、という論旨から、「何らかの体験を通じて心を動かされる観光においても人工知能は今後さまざまな場面で登場してくると考えられ、実際に人工知能が観光に活用されるようになると、具体的にどのような影響や課題が生じると考えられるかを問題文中の用語や表現を利用しながら示し、観光における人工知能の活用の仕方について論じなさい」という内容であった。

AIを活用して、観光客のニーズや好みに関する情報を観光客に提供する現在の観光産業の知識があれば、具体的に論述することができるであろう。

今まで、大規模な私立大は志願者数が多く、短時間の採点作業が困難な小論文は避けられる傾向にあった。慶應大学のように、ほぼ全面的に小論文を導入するケースは現状ではまだ少ないが、今後は総合型選抜がさらに増えてくれれば小論文を課す大学が増加していくだろう。

小論文の参考図書には、大堀精一著『小論文 書き方と考え方』（講談社選書メチエ）があり、思考すべき論点まで紹介されている。

〝ダメな答案例〟も載っている『採点者の心をつかむ　合格する小論文』中塚光之介（かんき出版）と、入門書として小論文のルールなどを覚えるのに適している『改訂版　何を書けばいいいかわからない人のための　小論文のオキテ55』鈴木鋭智（KADOKAWA）などもおすすめしておく。

第2章

私立大の受験生「囲い込み戦略」が激化

国公立大の受験校選びは、「共通テスト」の自己採点がポイントになる。客観的な視点での合格可能性がある程度つかめるからだ。しかし、私立大では、大学ごとの事前調査が欠かせない。その際、自分の将来設計に合う志望学部・学科での学びの内容が期待通りであるかのチェックが基本だ。

さらに受験校の候補が決まったら、自分の高校が学校推薦型選抜の指定校になっているかどうか、過去の合格実績はどうか、などをリサーチする。総合型選抜も含めて、先輩の合否事例から対策のポイントを絞れるからだ。最近は受験生を早期に囲い込む戦略として、学校推薦型や総合型の選抜枠を広げる傾向にある。

最終的に一般選抜で受験することになったら、現在、どの私立大でも多い共通テスト利用方式も併願するか、一般個別入試をメインターゲットに絞るか、なども決める。最近は、多くの私立大学で一般選抜の募集人員の割合が低くなっているので要注意だ。

ワンランク上の大学を狙うには、私立大では特に事前の情報収集と、入試新傾向の分析がポイントになる。

私立大の大学選びのポイント

偏差値や試験科目だけでなく、経営状態も調べておこう

日本経済新聞が、2022年4月に全国の私立大学616校の過去3年分の財務諸表を調べ、49％が赤字で、そのうち3年連続の赤字校は24％になっている、と報じた。日本私立学校振興・共済事業団の調べ（2021年）では、入学定員充足率（入学者数／入学定員）100％未満の大学は、277校となった。これで私立大学全体に占める未充足校の割合は前年の調査から15・4ポイントも上昇して、46・4％となった。赤字経営に直結する定員未充足の私立大がどんどん増えているのだ。

受験生時代も含めて、これからの5～7年後に、自分が入学した大学がどうなるかわからない不透明の時代になりつつある。

8年後、2030年の大学志願者は、18歳人口の減少と進学率頭打ちで約50万人と予想されている。今よりも約15万人少なくなる。これに対して大学側の受け入れ態勢はどうなっているだろうか。

現在、国公立大の募集人員は約12万6000人、私立大は約48万7000人となっている。合計すると61万3000人となる。8年後の募集人員の数字がこのままだとしたら、50万人の志願者を、61万人余の枠の中で取り合うことになる。当然、私立大では定員割れの大学が続出するだろう。この現象は、受験生にとって、私立大に入りやすくなった半面、入学した大学が、将来〝消えた母校〟になる可能性があることを意味する。

特に問題なのは、入学した大学の定員割れや赤字経営が続いていると、教育面での悪影響が出てくることだ。意外とコストがかかるオンライン授業やデータサイエンスなど、大学教育におけるデジタル化の教育設備投資が増大する可能性が高いからだ。期待する教育・研究レベルをキープして、それをさらに向上させていくためには、安定した財務によって支えられた適切な投資が欠かせない。

しかし、赤字という数字だけですぐに判断すべきではない。例えば、3年間赤字の私立大の中にも、自治医科大学や東北医科薬科大学のように地域医療に対する貢献度の高い評価を受けている大学がある。金沢工業大学も赤字だが、『大学ランキング2023』(朝日新聞出版)では全国の学長から教育面で全国一の評価を受けている。

たとえ赤字になろうとも、教育水準を下げないという大学のポリシーがあれば、むしろプラスに評価すべきだろう。このように、大学選びの前提になる事前調査も多面的に調べておく必要がある。

最近では、同じ地域の国公立大とのオンライン共同授業を実施する地方私立大も増えており、大学での学びの多様性を追求できる時代になりつつある。大学独自のプロジェクトなども、志望大学のホームページからリサーチ可能である。

日本大学の事件をどう考えるか

2021年末に、日本大学当局が記者会見を開き、脱税事件などの一連の不祥事の主役である田中英壽前理事長と永久に決別し、「今後一切、彼が日本大学の業務に携わることを許さない」と公表した。今回の背任事件の舞台となった関連会社「日本大学事業部」についても、「清算も視野に対応する」と公にしている。後任の日本大学（芸術学部）出身の作家、林真理子理事長の手腕に注目が集まっている。

日本大学には、ほとんどの国立大学や多くの有名私大が備えている大学生協がない。大学構成員の合意を基本に設立される大学生協は、大学法人とは資本関係がなく、ガバナンスを効かせる全国組織（全国大学生協連）もある。恣意的な運営はできないので、日本大学事業部のような不祥事は起こりにくい。大学の福利厚生事業を担う大学生協の有無やその実態を調べておくことも、大学選びの参考になろう。

日本大学はもともと学風の違う各学部の独立性が強く、「いくつかの単科大学の集合体のような大学だ」とも言われていた。その大学で、田中前理事長は、学部の教育や研究にはあまり口を出さず、大学経営に専念していたという。

学生運動が盛んな頃のように大学経営に直接批判を向けさえしなければ、自由に研究や教育ができる余地はあった。大学図書館蔵書冊数は約550万冊で私立大ではトップクラス、文理学部や芸術学部のようなリベラルな学風の学部も健在だ。日本大学の再生を祈るばかりだ。

「学部教育の主役は私立大だ」

文部科学省の学校基本調査によると、2021年度の大学学部の総在学者数262万5688人のうち、私立大は205万7749人で、78・1%を占める。今や大学生4人のうち3人が私大生である。

10年以上も前、私大連盟の役員をしていた早稲田大学の責任者に筆者が取材した際、政府の国立大大学院重点化の構想にふれ、私大連の立場から「国立大が大学院の研究に特化するなら、私立大が学部教育を一手に引き受けてもよい」と豪語していた。充実した「学部」教育がなければ、大学院の研究も実りあるレベルになるものか、という自負が感じられた。

現在、その私立大にとって大きな課題になっているのは、ガバナンス改革だ。アカデミックな世界は、制度的な改革だけではなく、学内で自由に批判もできる全学的な校風をつくることが大切だ。基本は、それぞれの大学の現状を踏まえ、何よりも教育・研究を担う大学教員の意見を最大限に尊重して、大学経営に反映させることが重要である。日本大学の事件もその点で問題があった。

それを実現させるためには徹底した「情報開示」が必要不可欠だ。

全教職員はもちろん、当該大学に在籍する学生やその保護者、ＯＢやＯＧなどにも幅広くアプローチできるように、正しい情報をわかりやすく開示すべきだ。大学のガバナンス改革を実践する組織の根底には、何よりも教職員の責任感と自覚があり、それを支持する学生などとＯＢ・ＯＧらステークホルダーの共感を得られなければならない。

次の主役は女子学生になる？

今や、大学キャンパスは、ジェンダーフリーの時代だ。文部科学省の学校基本調査（2021年度）によると、262万5688人の国公私立大の学部生のうち、女子は119万6555人で45・6％を占める。女子の学部生は前年から約3000人増え、男子は約1000人の減少となっている。このままだと、学部生では女子が多数派になることは時間の問題だ。

東京大学では、直近の学部生の女子の比率が、19・7％である。20％ラインをいつ突破するかマスコミで話題になっている。ところが有名私大は、今や40％前後の水準だ。学生数の多い有名私大の女子学生比率を『大学ランキング2023』から挙げると、過半数となっている関西学院大学50・2％を筆頭に、同志社大学42・5％、東洋大学42・3％、関西大学41・2％、法政大学39・0％、早稲田大学37・4％、立命館大学37・3％、明治大学34・5％と続く。

ただ、「個々の大学キャンパスのほとんどで、女子学生が多数派になる日は、まだまだ先だ」という声もある。女子学生だけで構成される「女子大学」が健在だからで、それが学部生全体の女子の比率を高めている面があるからだ。

私立女子大の魅力を再認識しよう

今、その「女子大学」がビジネスウーマン育成に向けて様変わりしている。

津田塾大学総合政策学部は、将来、企業でリーダーとなる総合職の養成を目指している。公共政策、経済政策、社会情報、人間社会といった4つの課題領域を横断しながら、多角的に学べる。グローバル化が進むと、異なる集団間で課題を相互理解し、語学も含めたコミュニケーション能力が求められる。かつての男性と違い、人脈や前例踏襲に頼らない女性が活躍する可能性が高まっている。同大学では学芸学部に情報科学科があるが、新しい総合政策学部総合政策学科もデータサイエンスを必修科目として重視している。

共立女子大学の新学部であるビジネス学部の学びの仕組みはユニークだ。2年までの前半はリーダーシッププログラム、3年からは企業と連携した課題解決型の授業を進める。学びの主要分野は、経営・マーケティング・経済・会計である。学びのベースとなる英語・法律・統計は2年までの必修科目となっている。3年からは専門科目を履修しつつ実践的なビジネス能力が身につくように工夫されており、企業と連携して課題解決型授業を重視する。都心のキャンパスの立地も好条件だ。

昭和女子大学は、キャリアアップの教育を目指している。卒業後のキャリアプランやライフスタイルについて、学生が信頼できる社会人に直接相談できるメンター制度が有名だ。登録しているメンターは30~50代を中心とした社会人女性で、300人ほどいるという。商社や銀行、出版、教育、建築など幅広い職業に加え、海外生活や子育て経験など多彩な働き方や人生経験を持った人材だ。

京都女子大学の新設データサイエンス学部は、2023年から、女子大では初めてデータサイエンティストを養成する予定だ。社会科学的視点から多様なイシュー（課題）を解決に導くことのできる人材の育成を目指すという。文理融合型のデータサイエンスの追求は、西日本で先駆的な試みだけに期待が集まっている。

データサイエンス分野を学べる学部・学科がある女子大は、首都圏にも多い。

東京女子大学では、現代教養学部数理科学科（数学専攻と情報理学専攻）があり、ともに数学、情報科学、自然科学の3分野を学ぶことができる。

大妻女子大学の社会情報学部社会情報学科社会生活情報学専攻は、経済・経営学系、社会学系、メディア学系の観点から学べる。現段階ではデータサイエンスの活用分野は医療やビジネス関係が多いので、経済・経営学系と関連が深い印象だが、データサイエンスとしては、他の専攻にも広がっていくだろう。

今までのモノづくり中心の産業から、日常生活に係る情報産業社会へと世の中が転換していく中で、データサイエンスに強いビジネスウーマンの育成に向けて女子大の学びの多様化が期待されている。

コロナ後に期待できるグローバル志向の私立大は？

ポストコロナになれば、海外留学に目を向ける受験生が増加してくるだろう。もちろん従来の海外留学という選択肢もあるが、日本国内の大学で学びながら、同じような効果を期待できる大学も増えてきた。コロナ感染の再拡大や円安の進行で、海外留学よりもメリットがあるかもしれない。

2022年の「THE世界大学ランキング日本版」（以下「THEランキング」）の評価は、大学における教育環境や学生の学びの質、成長性に注目し、教育リソース・教育充実度・教育成果・国際性の4分野で構成されている。その中でも教育充実度と国際性で評価の高い私立大も多い。特に注目に値するのは、国際基督教大学（ICU）・関西外国語大学・立命館アジア太平洋大学・神田外語大学だ。

秋篠宮家出身の小室眞子さん・パートナーの小室圭さんの出身校で、リベラルアーツ教育で有名になった国際基督教大学は〝別格〟の印象だ。専任教員の40％近くが外国籍という事実に裏付けされるグローバルな校風で、日本人学生は英語で議論できるレベルを目指す「リベラルアーツ英語プログラム」が卒業の要件となっている。「THEランキング」では、「国際性」で全国第2位。さらに「教育充実度」でも高い評価を得ている。

関西外国語大学は「THEランキング」の「国際性」の分野でも全国第7位、教育充実度なども比較的評価が高い。関西圏の私立大受験生の間では、グローバルな大学として人気が高い。

大分県別府市にある立命館アジア太平洋大学は、同じく「国際性」の分野では全国で第1位だ。海外からの外国人学生が多く在籍している。就職の実績面や受験生の評価指標とも言える学力偏差値はイマイチという見方もあるが、キャンパスには外国籍の教員が50％近くいて〝国際色〟豊かな印象だ。外国人留学生の中には、帰国後に母国の大学教員になった者もいると聞く。

神田外語大学は、「THEランキング」の「教育充実度」の分野で全国私立大第3位、

「国際性」では同第16位にランクインしている。キャンパスの国際色というより、外国語教育のノウハウとその活用実績を買われている印象だ。新設のグローバル・リベラルアーツ学部は、短期留学と3年次の長期留学などの2回の留学が必須で注目されている。入学直後の6カ月間は「グローバル・チャレンジ・ターム」と呼ばれ、2022年2月には海外スタディ・ツアー「リトアニア研修」を実施した実績がある。

このように、MARCHや関関同立などのいわゆる有名私大でなくても、自分の将来設計に合わせて、より自分の能力を伸ばせる私立大は少なくない。このような視点が、自分にとってワンランク上の大学選びにつながるのだ。

私大受験のポイント

入試改革で私大入試は大きく変わるのか

私立大への入学ルートは、大まかに言うと、「一般選抜（旧一般入試）」、「学校推薦型選抜（旧推薦入試、公募制・指定校制）」、「総合型選抜（旧AO入試）」の3つの選抜方法と、付属・

ことも多い。

系列校からの「内部進学」を加えた4つである。系列校からは推薦という選抜方式をとることも多い。

今までは、特に定員割れのおそれのある中堅下位やFランク（容易に入学できる学力偏差値の低い大学の総称）の私立大の多くは、受験生の青田買いができる推薦入試・AO入試（現在の学校推薦型選抜・総合型選抜）に頼ってきた。受験日程が早かったので、入学予定者を早期に確保できたからである。

推薦入試（現在の学校推薦型選抜）は、自己推薦を除いて、学校長の推薦書が原則必要なので、たとえ専願が条件でなくても、合格したら入学する率は、一般入試（現在の一般選抜）よりはるかに高かった。大学にとっては、早期に入学者を確保できる〝安心ツール〟であったのだ。

だから、現在でも一般選抜よりも学校推薦型選抜や総合型選抜のウエイトが高い私立大も少なくない。いわば、受験生の〝囲い込み戦略〟なのだ。

ところが、近年は入学定員の一般選抜枠を減らして学校推薦型選抜枠や総合型選抜枠を増やす動きが、有名私大にも及んでいる。以前、早稲田大学の広報担当の教授は、筆者の取材に「入学後の追跡調査では、一般入試で合格し入学した者より、推薦や付属校からの入学者のほうが、大学での勉学の意欲が高く成績が良いという調査もあるので、後者の入学者枠の比率を高める方向である」と話していた。

これは早稲田大学だけの話ではない。かつて一般選抜を全国の地方会場で展開していた有名私大では、コロナ禍で受験会場の確保に苦労したこともあって、一般選抜の期別募集（1～3期など複数回実施）なども「労多くして益少なし」という声が出てきている。いわゆるグローバル人材や主体性のある学生を育てるには、学力偏差値一本やりの〝一発勝負〟の一般選抜だけではなく、学校推薦型選抜や総合型選抜で、女子学生も含めて多様な受験生を受け入れるべきだ、という見方が広がりつつある。

特に2020年に導入された学校推薦型選抜や総合型選抜の日程変更による大学側に与えた影響は、国公立大より私立大の方がはるかに大きかった。

総合型選抜は出願開始が、従来の8月から9月1日以降（2021年度入試は新型コロナウイルスの影響で9月15日以降）に、合格発表が11月以降（3月末まで）となった。学校推薦型選抜は出願開始が11月1日となり、合格発表が11月以降から12月以降（一般選抜期日の10日前まで）となったのだ。

旧日程のスタート時期であった夏～秋は、私立大のAO入試や推薦入試が密集していた。

「出願開始→合格発表」を早くすることで、入学者を早期確保し、〝囲い込み戦略〟が進むという目算があったからだ。週刊誌などから実質上の「無試験入学」と嘲笑されてきた私立大の推薦入試もあった。

ところが、2020年に決まった学校推薦型選抜や総合型選抜における小論文やプレゼンテーションなどを課す方針は、学校推薦型入試のあり方を大きく変えることになる。また、有名私大でも、学校推薦型選抜（指定校制も含む）や総合型選抜の枠も拡大する傾向が強まった。その上、近年は、従来の付属校のほかに系列校を増やして入学枠が広がる傾向が強まっている。その影響により、一般選抜の募集人員は減らさざるを得なくなり、結果的に一般競争率（志願者／募集人員）が高まることになる。

また、文部科学省の方針による「東京23区の私立大では入学定員をオーバーすると私学助成がカットされる」ルールの影響も少なくない。東京都の私立大は入学定員をオーバーしないで厳守するために、合格者数を定員ギリギリまで絞り込む必要があったからだ。その結果、どうしても実質競争率（受験者／合格者）も高まる。

ただ、2022年春の文部科学省の方針変更で、今までは学部ごとの入学定員が基準であったのに、これからは入学定員でなく、全学単位の収容定員を基準にすることになった。

これにより、入学定員厳守の縛りがゆるくなる。入学手続き率の見込み違いで、たとえ入学定員より多く入学しても、収容定員の総枠に収まればよいからだ。その結果、各学部で現在よりやや合格者数を多めに発表する大学が増えるであろう。

逆に起きる現象として、今までは定員割れしそうな場合に追加合格者を多く出していた大学で、今後は追加合格者の数を絞ってくる可能性もある。

増えている有名私大の系列校・系属校

付属校といえば、「幼稚舎からの慶應ボーイ」が有名だが、日本大学や東海大学などでは全国的に配置されている。そのため付属校からの「内部進学」の入学者数は、『大学ランキング２０２３』で、第1位は日本大学（４４４８人）、第2位は東海大学（２３５４人）である（２０２1年度）。ともに増加傾向にある。ただ、入学者率（全体の入学者における比率）では逆転して、東海大学が第1位（35・6％）、日本大学は第3位（29・1％）となっている。伝統のある付属校も多い。

一方、関西圏の私立大では、付属校ではなく、一定の進学枠のある系属校の割合を増やす傾向にあった。系属校は、同じ教育法人の付属と違って、法人が異なる場合がほとんどだ。この傾向は、近年は関東圏にも目立つ。例えば、青山学院大学では、2016年に横浜英和女学院が系属校となり、2018年には共学化した。2019年にも浦和ルーテル学院も同大学の系属校になった。やはりミッション系の大学は、宗教関係のつながりが強いのだろう。高校サイドにとっても有名私大との連携・系属化による「生徒募集上のメリット」は大きい。「教育連携校」というケースもあり、ホームページでよく調べておきたい。

学校推薦型選抜で早めに決めたがる受験生

昔から有名私大を中心に指定校推薦の制度があり、それは一般の高校でも推薦条件を満たせば出願できる公募制推薦とは区別されていた。前者は、大学が指定する高校の生徒が応募できるが、人数が限定されていて成績条件も高かったため、応募者ゼロの高校も少なくなかった。

ところが、新型コロナウイルスに襲われた2020年度以降は、一般選抜の混乱が予想され、早めに実施する指定校推薦への応募者が増えている。公募制推薦も同様に増加傾向であるが、小論文やプレゼンテーションなどが課されるようになり、高校サイドや受験生もその対策を欠かせない状況になった。

2021年度であるが、推薦入学者数の多かった私立大の上位ランクは、『大学ランキング2023』で第1位が日本大学（7479人）、第2位が近畿大学（3631人）、第3位が早稲田大学（3308人）、第4位が東海大学（3108人）で、この4校が3000人以上だった。年々増えている大学が多い。

一方、入学者における推薦入学者の比率では、第1位が関東学院大学（61・9％）、第2位が学習院大学（58・1％）で、やはり、その率も伸びている。

推薦入学のルートは、私大受験生にとって、今やさらに重要な選択肢になっている。

小論文やプレゼンもある総合型選抜（旧AO入試）

「AO入試」（現在の総合型選抜）は、1990年に慶應大学の湘南藤沢キャンパス（SFC）にある総合政策と環境情報の両学部が、日本で初めて導入して注目された。学力偏差値をモノサシとする試験一本やりでなく、高校時代の活動実績や小論文、プレゼンテーション、グループディスカッションなどの能力を試すアドミッション・オフィス（入学選抜セクション）入試である。

その後、平成の時代に、時間と手間をかけて選抜するこの入試方式が、他大学にも普及した。

特に2021年度の入試は、春の新型コロナウイルス感染拡大の影響で混乱しそうな共通テスト利用などを含めた一般選抜を避けて、「学校推薦型選抜や総合型選抜で早めに合格を確保したい」という受験生が増えた。ところが、入試日程が後ろにずれたため、小論文やプレゼンテーション対策と、一般選抜の直前追い込み時期が完全に重なってしまった。この影響によって、推薦と一般の〝両面作戦〟は2020年までよりも難しくなってしまった。

その結果、学校推薦型選抜や総合型選抜は、さらに受験生の安全志向、すなわち「一般を受験せずに推薦だけに絞り込む傾向」が強まったと言われている。

比較的学力偏差値の高い有名私大の一般から推薦へのシフト傾向に伴って、これまで無試験に近い実態だった中堅私大下位校やFランクの学校推薦型選抜や総合型選抜も、これからは受験対策が必要になると覚悟しておいたほうがよい。特に、総合型選抜は、小論文やプレゼンなどの対策が欠かせなくなる。

逆に言えば、相応の準備と対策ができれば、今までよりワンランク上の大学を狙えるチャンスが増えそうだ。

実志願者数に見る「本当に人気のある私大」は？

2022年度の私立大の志願者動向（一般選抜）で目を引くのが、「実志願者数」の回復傾向だ。

のべ志願者数は、例えば1人の受験生が同じ大学の学部・学科を3つ併願した場合、3人と数える。近年、多くの大学で併願受験料の割引などが実施されている影響などから、いわゆるこの「学内併願」をする受験生が増えている。そのため、総志願者だけでは、その大学の人気が測れないという声がある。

「週刊朝日」は、総志願者数の上位50大学を対象に実志願者数を独自に調べて公表している。次頁の表は、そのうち30位までのランキングである。

2021年はコロナ禍の影響もあり、多くの大学が実志願者数を減らし、上位の有名私大でも前年比80％台が目立った。ところが、2022年度入試では、6割以上の大学が前年比プラスとなったのだ。実志願者数トップには、前年第2位の法政大学が立った。第2位は前年トップの明治大学。第3位は前年第4位の早稲田大学が入った。

法政大学は増加率も116％（前年比）で、全体の第2位。難易度上昇の促進力となる

2022年度有名私立大学「実志願者数」ランキング

実志願者数順位	増加率順位	大学名	募集人数	実志願者数（前年比）	実志願倍率	のべ志願者数（前年比）
1	2	法政大学	4224	52756（116.0%）	12.49	108280（119.1%）
2	17	明治大学	5358	50598（104.0%）	9.44	102426（103.0%）
3	23	早稲田大学	5045	43681（102.7%）	8.66	93843（102.4%）
4	40	日本大学	7688	42287（95.3%）	5.50	93770（95.7%）
5	6	東洋大学	5500	36227（109.1%）	6.59	98276（109.4%）
6	24	中央大学	4341	34717（102.2%）	8.00	64795（82.5%）
7	18	立命館大学	4797	32646（103.8%）	6.81	88335（105.8%）
8	6	近畿大学	5075	27574（109.1%）	5.43	157470（115.8%）
9	42	立教大学	3056	27429（94.1%）	8.98	62646（95.7%）
10	3	青山学院大学	2996	26834（115.6%）	8.96	47839（119.2%）
11	19	慶應大学	3656	26094（103.7%）	7.14	37894（103.3%）
12	36	関西大学	3724	25933（99.4%）	6.96	79184（99.6%）
13	9	東京理科大学	2740	25785（107.7%）	9.41	53751（109.0%）
14	15	同志社大学	3797	22201（104.4%）	5.85	45854（103.1%）
15	27	千葉工業大学	1396	20001（101.8%）	14.33	139074（127.9%）
16	50	龍谷大学	2843	19985（83.2%）	7.03	55880（99.1%）
17	15	専修大学	2614	18529（104.4%）	7.09	46547（98.2%）
18	39	東海大学	4044	16024（95.4%）	3.96	45814（103.4%）
19	32	福岡大学	3048	15379（100.3%）	5.05	44719（101.5%）
20	29	駒澤大学	1972	15376（101.0%）	7.80	29228（97.7%）
21	8	関西学院大学	3406	15002（107.9%）	4.40	38737（115.2%）
22	28	芝浦工業大学	1567	14248（101.6%）	9.09	37866（99.5%）
23	24	名城大学	2138	13919（102.2%）	6.51	39496（110.2%）
24	10	神奈川大学	2537	13026（107.5%）	5.13	22695（108.8%）
25	32	学習院大学	1319	12214（100.3%）	9.26	16621（97.2%）
26	11	成蹊大学	1174	11984（107.0%）	10.21	19475（104.5%）
27	49	上智大学	1730	11280（85.5%）	6.52	22503（85.7%）
28	5	國學院大学	1437	11090（114.8%）	7.72	21533（111.3%）
29	31	東京電機大学	1664	10567（100.6%）	6.35	28396（96.8%）
30	13	東京都市大学	1227	10288（104.9%）	8.38	23276（85.9%）

※出典：週刊朝日2022年5月6･13日号。実志願者数は週刊朝日編集部調べ。
大学入学共通テストを含む一般選抜（2部、夜間コースなどを含む）において、同じ志願者がいくつ併願しても1人として集計。募集人数とのべ志願者数は大学通信調べで、主要な私大約100校を調べた（東洋大学、関西大学、東京電機大学は大学提供）。

実志願倍率は実志願者数÷募集人数。%は小数点2位以下を四捨五入

可能性がある。増加率トップは、この表にはないが武蔵大学で伸び率は123％だ。人気のある国際教養学部を2022年に新設したことが主因だろう。

「共通テスト利用方式」を選択するか否かもポイント

入学定員枠が狭まる傾向の一般選抜でも、共通テストや民間英語検定を活用するなど、新たに多様な入試方法を設けている私立大は多い。その分、募集人員が分散することになる。

中でも難易度が中堅クラス以上の私立大のほとんどが採用している受験方法が、「共通テスト利用方式」だ。共通テストを実施する大学入試センターのホームページで、「共通テストを利用する大学」がリサーチできる。国公立大はもちろん、私立大の参加校とその入試情報やポートレイト情報も載っているので、必ずチェックしておきたい。

これを見ると、主要私立大の多くが共通テスト利用入試を実施していることが一目瞭然だ。有名私大で実施しないのは慶應大学くらいだ。私学の雄としての誇りと入学者選抜に関して独自のポリシーがあるのだろう。

私立大の共通テスト利用入試を利用する際のチェックポイントは、次の3点であろう。

①志望私大の受験方法を調べ、どのタイプを利用するかをチェックする。

共通テスト利用入試にもさまざまなタイプがある。

●共通テストの成績のみで選抜するタイプ。有名私大では3～4教科という方式が目立つようだ。2025年以降の入試では6教科全てに課す国立大と同じ方式や、1～4教科の成績で判定する方式が並立すると想定できる。

●共通テストと個別試験を併用するタイプ。これは特に有名私大に多いタイプで、「併用型」と言われる。共通テスト2～4教科と記述・論述の問題が出題される個別試験を課すことが多い。有名私大受験対策に力を入れてきた受験生や個別試験（2次試験）で記述・論述問題も出る国公立大の受験生にとっては、選択の対象になるだろう。

●共通テストの「特定科目」を一般選抜の必須科目にする新タイプ。例えば、早稲田大学政経学部は共通テストの「数Ⅰ・A」指定である。当該学部の一般選抜の受験生は全員が「数Ⅰ・A必須」になる。また共通テストの国語と外国語ともに必須である。理科も加わり、選択科目の範囲は広がっている。

②受験タイプが決まったら、その前年の実質競争率を調べる。

一般に有名私大の共通テスト利用入試は募集人員が少ないので、志願倍率がかなり高くなる。「志願者／募集人員」は分母が小さいので高倍率になるのは当然だが、「受験者／合格者」で計算する実質競争率ではかなり低くなる大学もあるので要チェックだ。

共通テスト併用型では、個別試験の受験者は一般選抜に比べ、やや減少する傾向にあると言われる。また、共通テスト利用入試のどの受験方法でも、合格者のうちの入学手続き者の率は一般選抜に比べて少ないので、合格者をやや多めに出す大学が多いと聞く。

ただ、入学手続き者が入学定員に届かず追加合格を出すような場合は、一般選抜受験者から選ぶ大学が多いようだ。その点も勘案する必要がある。

③合格可能性は複数のデータを突き合わせる

最近は、受験対策に特化した指導を行う進学塾（河合塾や東進ハイスクールなど）で、「私立大の共通テスト利用入試における合格可能性診断」を実施しており、ネットでも公表している。併用方式も含めて、合格可能性50～60％などの合格得点ラインの目安を出しているようだ。

もちろん、おおよその傾向は、その大学の一般的な入学可能な学力偏差値と正比例の関係にあると言ってよい。しかし、当然、得意の1教科のみの場合と3～4教科では違う。その点もチェックしておきたいポイントだ。

ただ、合格可能性を予測するための受験情報は、偏りを検証する視点で、必ず複数の予備校・進学塾などのデータを突き合わせて検討すべきだ。

入学辞退する場合の学費返還の確認をすること

主要私大の入試で、大学サイドが頭を悩ませていることの一つは、「繰り上げ・追加合格者数」であろう。

文部科学省の「東京23区内の私立大の入学定員管理の厳格化」で、入学手続き者数の読みが難しくなった。ペナルティがあるので、以前のように入学定員を大きく超過することはできない。そうかといって、定員未充足になれば学費収入が減り、大学経営を圧迫する。ただ、文部科学省は前述したように、基準を入学定員から収容定員に変更したので、定員オーバーに対する大学側の警戒心は弱まると予想される。

それでも、ある程度の欠員が出そうな事態を予測して、繰り上げ合格者を次々と通知する私立大が一般的である。年度によって違うが、繰り上げ合格者が200人を超える大学も少なくない。早稲田大学でも補欠合格者制度を今まで未実施だった政経学部を含め、全学部で設けている。私立大だけでなく、国立大でも少数ながら繰り上げ合格者を出す大学もある。

受験生にとって、たとえ遅くても第1志望校からの合格通知は当然うれしい。その大学から繰り上げ（追加・補欠）合格の通知が来た時に、他の大学に合格していない、もしくは合格していても入学手続きをしていないのであれば、第1志望校に喜んで入学手続きをすればよい。

問題は、すでに他の大学の入学手続きを済ませて、入学金などの学費を納入しているケースだ。併願先の大学での初年度納入金（入学金・授業料など）の平均額は、文部科学省の「私立大学等の令和3年度入学者に係る学生納付金等調査」によれば、私立大は135万7080円となっている。

焦点は、この学費のうち「入学金」である。授業料などは返還される可能性があるが、入学金は判断が難しいからだ。2006年、最高裁判所で、入学金は「入学辞退の時期を問わず、一般的に返還請求はできない」とされ、授業料は「授業という大学からのサービスを受けないことになるため、当然返還請求は可能」との判決が下ったからだ。

大学側に「納めた授業料は返還しない」という特約事項がある場合でも、3月31日までに入学を辞退した場合は返還請求が可能としている。

国公立大の一般選抜（前期）の合格発表は3月上旬なので、併願する私立大の入学手続き締め切り日が、それ以降に設定されているかどうかをチェックする必要があるだろう。また、最高裁の判決にかかわらず、一定期日内なら入学金を返還する大学もあるので、事前にチェックしておきたい。

ただし、学校推薦型選抜や総合型選抜などで「合格したら原則として入学する」という確約を志望理由書などで受験時に確認する選抜方法では、入学手続きをした後に入学を辞退した場合、入学金はもちろん授業料なども返還請求できない可能性があることを心得ておきたい。

第3章　早慶上理

——進学先選びで早稲田が慶應を逆転

令和の時代に入ると、有名私大が軒並み狭き門になる現象が目立つようになった。一般選抜の私大型入試タイプの募集人員が少なくなり、実質競争率がどんどん高くなる傾向にあるからだ。

これは早慶上理でも変わらないが、慶應は共通テスト利用方式を導入せず、他大学とは異なる。

また、早慶で両校を合格した受験生がどちらを選択したか、進学先を調べた結果では、昭和末期の1980年代は早稲田の時代、そして平成の30年間は慶應の時代だった。ところが令和のいま、早稲田の反撃が始まっているようだ。

外国語教育に定評のある上智大学は、グローバリゼーションの時代を迎え、〝語学に強い〟理工学部を含めて真価を発揮する時になりそうだ。

一方、東京理科大学は大学発ベンチャー数では私大でトップクラス、さらに経営学部のように多くの理系女子らを受け入れて新型文理融合路線も期待できる。

早稲田入試は様変わり、独自の道を行く慶應と上智、東京理科大はベンチャーへ

昭和末期はまだ高度成長期で、受験生の東京志向と進学率の上昇がパラレルに進んでいた。昭和54（1979）年には、共通一次試験が導入されたが、当時は国公立大のみが対象で、受験科目は原則5教科だった。5教科の重い負担を嫌った受験生は、東京などの有名私大に走ったので、軒並み私立大の競争率が高くなり、難易度で「国易私難時代」と言われた。

併願した地方の旧帝大系有力国立大にも合格したのに、東京の有名私大を進路に選ぶ受験生も、少なくなかった。例えば、九州大学に合格した女子受験生が教師や親の説得を振り切って、青山学院大学に進学するなど、東京の吸引力はパワフルだったのだ。

特に、典型的な私大型3教科入試であった早稲田大学は、地方受験生とも相性が良く人気が高まった。当時、早稲田大学理工学部の建築学科には、併願で有力国立大にも合格したのに早稲田に入学した者も少なくなかった。

ところが、1990年代からの平成の時代に入ると、アメリカの同時多発テロやリーマン・ショックの影響もあって、日本も含む世界経済は低成長時代に移行した。そして平成

2（1990）年には、「大学入学者選抜大学入試センター試験」（以下、センター試験）が導入された。

センター試験は、共通一次試験と違って国公立大でも必ずしも5教科にこだわらなかった。特に国立大の後期試験では、2～3教科のケースも増加した。また私立大も科目の適宜設定のかたちで参加が可能になった。設置形態を超えて、多くの大学ではセンター試験を採用し、大学への入学に必要な学力があるかどうかを受験生が自ら測るようになったのだ。

低成長時代への移行に伴い、地方受験生の東京志向が弱まったこともあって、早慶など東京の有名私大の入学者の出身地割合では、首都圏が徐々に増えていった。

また、国公立大の合格実績を重視するようになった地方高校の進学指導によって、受験生の地元国公立志向が強まった。

さらに地方創生の掛け声もあって、地元での若者雇用が重視されるようになった。その結果、18歳人口の減少がさらに進んだ平成の時代には、私立大総難化傾向はストップし、私大間の格差拡大が目立ってきた。

ただし、令和に入ると、微妙な変化が起きている。

早稲田大学

2021年から早稲田復権の動きあり

平成の時代に、早慶クラスでも首都圏の私立進学高が合格者数の上位を占めるようになった。受験勉強の負担からも、私大型入試科目3教科に力を入れてきた私大受験専願の浪人生に対抗せざるを得なくなり、早稲田を敬遠する傾向が強まった。個性的な入試の慶應大学が私立大トップ受験生の有力な選択肢になったのだ。親ガチャ当たり組の有名私立進学校の中高生にとっては、都会風でリッチな慶應のカラーの方がなじみやすいこともあったようだ。

かくして、私大3教科型の入試にこだわらず、日本で初めて大学が「求める学生像」に合致する人物を選抜するAO入試（現在の総合型選抜）を導入したSFC（湘南藤沢キャンパス）などの影響もあってか、慶應の人気が高まった。早慶に合格すると、慶應に進学する傾向になったのだ。

平成になって30年近くたった平成29（2017）年頃には、早慶人気に明確な差がついた。

東進ハイスクールの調査（2018年）では、両校ダブル合格者の入学選択率では、早稲田（政経）28・6％：慶應（法）71・4％で慶應の圧勝だ。商学部同士は早稲田28・6％：慶應71・4％、文学部同士でも早稲田17・6％：慶應82・4％だった。

早稲田の看板の理工系でも、先進理工は別として、早稲田（創造理工）38・9％：慶應（理工）61・1％、早稲田（基幹理工）42・3％：慶應（理工）57・7％と、受験生の選択志向は慶應にあることが歴然としていた。

ところが、令和3（2021）年になると、逆転ケースが続出したのだ。早稲田（政経）と慶應（法）では71・4％：28・6％。慶應（経済）に対しては60％と早稲田（政経）が高くなっている。商学部同士でも早稲田（商）が2021年に51・7％と慶應（商）を逆転。文学部系でも、早稲田（文化構想）の人気が高まり、慶應（文）に対して66・7％と圧勝している。理工学部系も早稲田（創造理工）や（先進理工）は慶應（理工）に対して、それぞれ58・8％、56・0％と早稲田が上回っている。

河合塾の最新のデータでも、慶應（経済）と早稲田（政経）にダブル合格した受験生がどちらの学部に入学しているのかを見ると、2017年までは慶應（経済）が優勢であったが、2022年は慶應（経済）より早稲田（政経）を選ぶ学生の割合が大きく増えているという。早稲田の学部偏差値の変化を左の表で見ると、商・文の2学部と文化構想、国際教養の上昇が目につく。

最近の早稲田は、大学経営にも積極的だ。財政投融資を主な原資にした「10兆円大学ファンド」の運用資金3000億円の配布を目指す「国際卓越研究大学」（最多5～7大学を認定）の応募に積極的な私立大は早稲田のみだと朝日新聞で報じられている（2022年7月現在）。

国際的に優れた研究成果の創出や年3%の事業成長を目標とする「国際卓越研究大学」は、大学の応募をもとに国が審査する。この低成長時代に年3%の成長など可能かという疑問もあるが、早稲田大学は、ベンチャー支援や外部資金の獲得などで「達成を見込める」という。

主な私立大学、学部別偏差値と変化

【早稲田大学】学部偏差値

学部	2019年	2022年
法学部	67.5	67.5
政治経済学部	67.5	70.0
商学部	65.0	70.0
文学部	65.0	70.0
教育学部	62.5	67.5
社会科学部	65.0	67.5
人間科学部	62.5	65.0
文化構想学部	65.0	70.0
国際教養学部	65.0	70.0
基幹理工学部	65.0	65.0
創造理工学部	62.5	65.0
先進理工学部	65.0	67.5
スポーツ科学部	57.5	-

出典：河合塾Kei-Net
同一学部で学科によって偏差値が異なる場合は、高いほうの偏差値を表記した

再任された田中愛治総長は、早稲田の教育力、研究力の向上によって「2040年には東大、京大と並んで、日本で最も進学する価値がある大学になる。さらに50年には東大、京大を上回り、アジアで一番価値がある大学になることを目指したい。大学ファンドの対象に選ばれれば、50年にはノーベル賞の数でも東大、京大並みになると思う」と、朝日新聞の取材に語っている。

学際的学部の人気上昇が復活の要因か

早稲田の学部動向では、「国際教養学部」が注目を集めており、海外留学生数では全大学1位だ。

「女子学生の比率」も早稲田が慶應を上回っている。昔の早稲田はマンモス授業で、まじめに出席する学生は変わり者、というイメージがあったが、状況は一変している。少人数クラスがスタンダードになって、授業の出席率は上昇しているという。

早稲田は、平成の時代に理工学部を基幹・創造・先進の3学部に、文学部を文・文化構想の2学部に再編した。以前からある社会科学部、人間科学部、国際教養学部など学際色の強い学部群もある。伝統的で体系的な学問が確立された学部よりも、自分の学際志向を優先する受験生にはマッチする。

ただ近年、総志願者数では、一般選抜志願者が10万人ラインを切る水準にまで減少している。少子化で受験生総数が頭打ちになったという理由もある。ただ、最近の受験生はキャリア志向に立った学部・学科選びの傾向が進んだため、早稲田ならどの学部でもよいという受験生が減り、学内併願が減ったことも一因のようだ。

各学部で、内部進学や学校推薦型選抜による入学者の割合が増え、一般選抜の募集人員を減らした影響も大きい。

さらに、政経、国際教養、スポーツ科学の各学部で、共通テストのある科目を必須にしたことによって、従来多かった私立大専願受験生の減少につながった。

中でも政経学部は共通テストの数学Ⅰ・Aを必須科目にし、その上「総合問題」という新形式の科目が登場して、受験者は不安に陥った。そのせいで、一般選抜の志願者数は、2020年に7881人だったのに対し、2021年には5669人と28％の減少。2022年も4872人と減少は止まらない。2023年度はさらに過激になり、共通テストも数学（Ⅰ・A）に加え外国語・国語を必須にし、数Ⅱ・Bと地歴公民を選択にし、学部独自試験は総合問題のみとする。

これで政経学部の私立大専願受験生離れは、決定的となるだろう。しかし、早稲田の入試担当教授に筆者が取材したときには、「志願者減は承知の上での入試改革」ということであった。

慶應大学

SFCに復活の動きが強まる

平成の慶應は、応援歌「若き血」にイメージが重なる快進撃であった。1990年代に入ると、SFC（湘南藤沢キャンパス）に総合政策学部や環境情報学部を開設し、前述のように、日本で初めてAO入試を導入した。また、授業も教室での講義形式だけでなく、討論などを取り入れたアクティブラーニングを展開して、全国的に注目を集めた。

日吉・三田キャンパスの各学部も、低成長時代に強力な同窓会「慶應三田会」を利用した就活で、その名を高めた。その根底には、「実学重視」の校風がある。

司法試験の合格実績でも有名な法学部は、今や慶應文系のみならず私立大法学部の最難関である。同学部は1970年代には、慶應文系学部では逆に最も入りやすい学部と言われるほどであった。しかし、法科大学院設立時に、徹底した実学重視方針で大逆転に成功した。

法科大学院制度の設立時には、法曹人材の多様性を実現するために、法学部以外の学部出身でも受講できる3年制の未修コースを設けて、法学部対象の2年制の既修コースと並立させていた。早稲田などはその理念に沿って未修コースを主体としていた。しかし、未修コースは法学部既修コースと比べ、結果的に司法試験合格率が低く、早稲田も後に既修コース重視の方針に変わった。

慶應はスタート時から既修コースを主体にして、他の大学の法学部卒業生を積極的に受け入れた。早稲田法学部卒で慶應法科大学院の受験生が司法試験に合格すれば、最終学歴である慶應の合格者としてカウントされて、慶應の実績となっていった実例もある。まさに実学の校風を生かした例である。

慶應は、公認会計士の合格者数でも連続トップの実績を誇っているが、その根底には「公認会計士三田会」の強力なサポートがある。他の私立大でもそうした実績作りのサポート態勢が充実しつつあるが、慶應では卒業生でつくる「慶應三田会」という自発的集団が中核になっている点が強い。

この慶應三田会は、同窓会としては質量ともにトップクラスと言ってよい。地域、卒業年度、業界、企業など、さまざまな拠点とネットワークがあり、その数は優に800を超える。海外にも70以上の支部や拠点を持っている。それを束ねているのが「慶應連合三田会」である。これが慶應の実学に徹した強みの象徴なのだ。

慶應大学発ベンチャーとして、2022年6月に東証グロース市場に上場した坪田ラボは、眼科教室をベースに近視、ドライアイ、老眼等の治療に係る医薬品、医療機器などの研究開発を進めている。医学部・薬学部・看護医療学部に加えて、継続協議中の東京歯科大学の統合も視野に入れ、全国屈指の教育研究グループをバックに、今後も医療系の大学発ベンチャーが期待できそうだ。

慶應合格者の入学比率が高い理由

2021年度入試の実績数値(『大学ランキング2023』)によると、入学定員数が2000人以上の私立大で、「合格者のうち入学する比率」が一番高いのが慶應で39・4%、続いて早稲田が32・8%、青山学院が27・7%の順となっている。このような結果になった主な理由として、慶應の入試は一般選抜で共通テスト利用入試がなく、独自の入試科目タイプのみのため、難関国立大との併願者の割合が比較的少なくなっている可能性が考えられる。その分、慶應を第1志望とする者も多く、合格すれば慶應に入学するという比率が高くなる。

また、慶應は付属校からの入学者の比率が23・0%と早稲田の18・3%より高い事実も見過ごせない。

逆に学校推薦型選抜の入学者比率は、早稲田が38・9%なのに対して、慶應は34%と下回っている。入学定員の割合で、この学校推薦型選抜や総合型選抜（旧AO入試）の割合が高まるようだと、一般選抜が狭き門になる可能性が高くなる。また学校推薦型選抜は法学部・商学部・理工学部・薬学部薬学科、自己推薦入学が文学部と、入試パターンも多様だ。

ただ、慶應SFCの総合政策学部や環境情報学部のように、一般的な入試方式が慶應独自の「AO入

【慶應大学】学部偏差値

学部	2019年	2022年
文学部	62.5	65.0
法学部	67.5	67.5
総合政策学部	62.5	72.5
経済学部	65.0	67.5
商学部	65.0	67.5
理工学部	65.0	65.0
医学部	72.5	72.5
薬学部	65.0	62.5
看護医療学部	57.5	60.0
環境情報学部	60.0	72.5

出典：河合塾Kei-Net
同一学部で学科によって偏差値が異なる場合は、高いほうの偏差値を表記した

試」だと、前頁の表のように非常に高い学力偏差値を気にしても仕方がない。早めに独自の対策をとることが大切だ。この「AO入試」は、出来てから数年は人気が高まったが、次第に所在地が神奈川県藤沢市郊外ということもあってか話題にならなくなった。やや別枠という印象を持たれた。

ところが、近年は慶應SFC卒業生の活躍がよく話題になり、その授業もPBL（課題解決型授業）や討論型など時代に先行しており、再評価の動きが高まっている。それが表のような学力偏差値にも表れている。

また、慶應各学部の入試科目パターンは各学部の独自路線なので、学内併願がしにくい。半面、昔から補欠入学制度が確立しており、ABC～などのランクで入学可能性がわかるので、受験生にとって親切である。

合格者の入学率が高いのは、「慶應ファン」とともに、こうした慶應独自の入試制度に照準を合わせて合格した者が多いことに要因がありそうだ。

上智大学

グローバリゼーション時代の理工系として先行

1970年代から上智の看板学部は「外国語学部」と言われてきた。合格した東大よりも上智大外国学部を進学先に選んだ女子受験生もいたようだ。グローバル時代の先駆者の趣があった。他にも、名称がそのものずばりの総合グローバル学部や総合人間科学部など学際色豊かな学部もあって、その校風は脈々と受け継がれている。まさに、上智はグローバル時代にあって「文系ミッションの雄」という印象だ。

その中で地味だったのが理工学部だ。施設や設備の面で有力国立大と比べるとあまり目立たず、他の有名私大理工系学部に比べてもやや印象が薄かった。偏差値も横ばいだ。しかし、上智の理工学部には、一味違う持ち味がある。それは語学力の養成だ。その科学技術英語教育は、知る人ぞ知るグローバルな学びだ。

海外の文献講読や国際的な場で研究発表を行う際に求められる「科学技術に関する英語力」を養成する場でもある。語彙の習得をはじめ、英語による情報発信、学会などでの発表や質疑応答のスキル、論文の書き方などをより専門的に学ぶことができる。

理工系学部と聞くと、一般的に現場のエンジニアや研究者のタマゴをイメージするが、

【上智大学】学部偏差値

学部	2019年	2022年
文学部	60.0	65.0
神学部	55.0	57.5
外国語学部	62.5	67.5
総合人間科学部	60.0	67.5
総合グローバル学部	62.5	65.0
法学部	62.5	67.5
経済学部	62.5	70.0
理工学部	60.0	60.0

出典：河合塾Kei-Net
同一学部で学科によって偏差値が異なる場合は、
高いほうの偏差値を表記した

同学部卒業生には海外の理工系文献の翻訳で活躍している人も少なくない。外国語に強いセールスエンジニアなど海外進出の際に役に立つ人材も育っている。

理工学部の学科は、産業技術と自然科学との調和ある発展を推進できる「機能創造理工学科」、〝情報〟を通して人間と社会を深く理解する「情報理工学科」、物質の基礎を理解し、新たな物質の創成・技術開発を学ぶ「物質生命理工学科」の3学科で構成されており、一般的な大学理工系の学科構成と比べて、学際色が強い点が特徴だ。

さらに、2022年から始まった全学共通の教養教育は、上智の校風を端的に表している。人間の思考のベースを学ぶコア科目群は、キリスト教人間学とデータサイエンスなどである。この異質な組み合わせこそ、上智らしい独自の発想だ。

その「展開知」科目群は、学問領域にこだわらず学生の主体性を尊重して「課題認識」

「実践・経験」「社会展望と課題」「視座」の4つのカテゴリーに分かれている。最後の「視座」という用語は、一般に物事を認識する時の立場という意味である。社会的・人文的なことを観察する立場のことであり、その立場は、キリスト教思想に基づく。まさに上智らしいネーミングだ。

カトリック系大学としての使命感も強く、全国の同系列の高校からの特別枠や、別に指定校推薦入学枠も充実している。また、海外帰国生徒の入学者数も109名と、早稲田(61名)・慶應(49名)を抑えてダントツの1位である(『大学ランキング2023』)。

2023年度入試は多様な入試タイプの見極めがポイント

上智の2021年度入試の約50%にも達する追加合格数に度肝を抜かれたものだ。その主たる原因は、一般選抜のTEAPスコア利用型(全学部統一日程試験)、学部学科試験・共通テスト併用型、共通テスト利用型という多様でユニークな方式のためだと思われる。

TEAPは日本英語検定協会と上智大学が共同開発したスコア型の英語力診断テストのことである。国公立大併願者が多くなりやすい入試科目パターンが多く、上智の場合、第1志望の国公立大や早慶に合格すれば、入学辞退する者が多いので、追加合格者を相当数出さざるを得なかったのであろう。

2022年度入試では、正規の合格者数を多めに発表して追加合格は減少したようだ。長引くコロナ禍での受験生の併願傾向を考慮しての判断なのかもしれない。

どの学部も「共通テスト利用型」は募集人員が少ないこともあって、他の方式より志願倍率が非常に高い。例えば、文学部は「TEAPスコア利用型」8・5倍、「学部学科試験・共通テスト併用型」9・5倍に対して、「共通テスト利用型」は24・7倍となっている。

他の文系学部も似たような傾向だ。

理工学部の場合、その差はさらに激しい。「TEAPスコア利用型」は4・6倍、「学部学科試験・共通テスト併用型」19・5倍に対して、「共通テスト利用型」はなんと82・3倍である。

なお、2023年の一般選抜共通テスト利用方式では、従来の4教科型に加えて3教科型を新設する。また併願者が増えるであろう。

上智受験の作戦は、まずこの多様な入試方式をよく調べることから始まる。第1志望なら当然TEAP受験も考えなくてはならない。

一般選抜では、合格者数上位高校に頌栄女子学院、豊島岡女子学園など都内のミッション系女子校が目立つのは、進学指導部の情報収集力がものを言っているのだろう。上智大学の攻略は、この入試方式の研究がスタートラインなのだ。

東京理科大学

理系人気を追い風に首都圏で強い

「ＳＭＡＲＴ」は、Ｓは上智（英名Sophia University）、Ｍは明治、Ａは青山学院、Ｒは立教、Ｔは東京理科の頭文字を組み合わせた造語だ。学力偏差値や就職実績などでは早慶は別格なので、早慶上理よりＳＭＡＲＴの方がしっくりくるというグループ化である。

しかし、プライドの高い東京理科大学の卒業生の中には、「早慶と同格以上」と自信に満ちた声を上げる人もいる。

確かに首都圏の進学高では東京理科大学の評価は高い。

前身の東京物理学校時代からの長い伝統があり、卒業生には理数系の教員が多く、生徒に受験先として自身の母校を推すことも多いと聞く。受験生自身も調べて、先生の指導に納得するという。最近は、社会人の学び直しや大学院入学も多い。それだけ首都圏では高い評価につながっている。

ところが、その神通力は、首都圏以外の地方では「もう一歩」の印象だ。公私協力方式で誕生した山口東京理科大学と長野県の諏訪東京理科大学は、ともに定員割れが続き、それぞれ公立化によって山陽小野田市立山口東京理科大学、公立諏訪東京理科大学となった。地方の受験生にとっては、「東京理科」というネーミングはいまひとつなじみが薄いようだ。

【東京理科大学】学部偏差値

学部	2019年	2022年
経営学部	57.5	60.0
理学部	60.0	62.5
工学部	60.0	62.5
先進工学部	55.0(※)	60.0
理工学部	57.5	60.0
薬学部	60.0	60.0

(※)当時の学部は基礎工学部

出典：河合塾Kei-Net
同一学部で学科によって偏差値が異なる場合は、高いほうの偏差値を表記した

一方で本家の東京理科大学は、理系人気を背景に評価上昇の傾向は続いており、2022年度の一般入試でも志願者数が前年比10%近い伸びを見せている。

出身高校別の合格者数では、上位10位までに千葉県立の船橋や千葉、埼玉県立の浦和と

大宮などの公立進学高が4校もランクインしている。やはり首都圏の公立高で東京理科大学を評価する先生や先輩のアドバイスが多い証左であろう。

経済産業省大学連携推進室と価値総合研究所の調査によると、東京理科大学は大学発ベンチャーの増加率（2019→2021年）で全大学トップだ。30社から126社へと4倍に急伸している。

今までの累積のベンチャー数でも、全国7位に躍進した。ビジネス界との交流の実績が寄与しているのであろう。

強みは学内併願プランの立てやすさ

東京理科大学では、特に理工系学部が学内併願しやすい。表のように経営学部や薬学部を除き、4学部あり、学力偏差値にも差があるからだ。例えば、河合塾の偏差値では、理学部（一部と二部）と工学部が62・5と上昇している。先進工と理工の両学部は、60・0なので、志望する学部学科が同一系統で、似た学びが可能なら、同一大学内で併願プランを立てられる。

理工系でも学内併願が可能である情報が、千葉や埼玉の県立高校などを中心に首都圏の理系受験生に浸透していることが、結果的に入学者が多い実績につながる一因であろう。

また、他の有名私大に比べて付属校からの入学者が少なく、一般選抜の入学者比率が約65％と高いことが、一般的な公立進学高の受験生に選ばれやすい大学である要因だ。

さらには、最近は理系女子の進出も目につく。新設の経営学部国際デザイン経営学科などは半数近くが女子学生である。この経営学部の存在も理工系単科大のイメージのあった東京理科大学のイメチェンに大きく寄与している。

多くの私立大学の経営学部は、文系学部としての位置づけで、入試科目も経済学部とそう変わらない。ところが、東京理科大の経営学部は、受験科目に数学と英語が必須で、あとは選択科目である。数学必須というところが、さすが「理科大学」だ。それは、経営学部でも重視されているデータサイエンスの学びをするうえで、大きな強みになっている。国公立大の経営学系の志望者にとっても併願先として選びやすい。

また、北海道・長万部キャンパスは、経営学部国際デザイン経営学科の1年次1年間必修のために、男子寮だけでなく女子寮も充実している。国内留学期間のようなもので、文理融合型の学びを志向する女子受験生にとっては、これもまた魅力の一つとなっているようだ。

大学の経営方針により、2020年で長万部キャンパスの基礎工学部が消滅し、「先進工学部」として再編された。現在、同キャンパスでは経営学部の学生と留学生が学んでいる。いずれも1年次教育は全寮制である。

ビジネス志向を強める東京理科大学の今後の動向に、将来の進路設計に関心のある受験生は目が離せない。

第4章　MARCH
――「本当に一般選抜で合格する者はいるのか？」

大学受験生の子どもを持つ父親（東大OB）が「MARCH（明治・青山学院・立教・中央・法政）に合格する子は本当にいるのか？」と嘆いていると聞いた。自身の子どものまわりに一般選抜でのMARCHの合格者はほとんどいないという。MARCHといえば、早慶の〝滑り止め〟というのは昔の話。今や第1志望でもなかなか受からない難関校ばかりなのだ。

その主因の一つは、一般選抜の実質競争率（合格者／受験者）がどんどん高くなり、狭き門になっていることだ。付属校や系属校・系列校が増え、その内部進学者が増加しているだけでなく、学校推薦型選抜（旧推薦入試）や総合型選抜（旧AO入試）の入試も拡充してきているため、入学定員のうち、一般選抜の募集人員が少なくなっている。さらにその一般選抜でも、共通テスト利用方式が一般化し、それぞれの方式の合格者も絞り込まれる。だから競争率が高くなるわけだ。

学部偏差値の変化表で、全体的にMARCHの上昇率が高いのは当然の結果なのだ。

文科省の入学定員厳守路線も一つのきっかけに

ＭＡＲＣＨなど有名私大では、前述の通り一般選抜での募集人員枠が少なくなった。そのうえ一般選抜の中でも、共通テスト利用入試の合格者が募集人員の一定数を占めるため、旧来の受験科目３教科型の私大受験生に向けた一般選抜の募集人員はさらに減る。

その影響で、一般選抜はどんどん狭き門になっている。だから、四半世紀も前の受験知識しか持ち得ない親から見れば、「本当にＭＡＲＣＨに合格する者はいるのか」という疑問を持つのは当然なのだ。

文部科学省の「平成31年度以降の定員管理に係る私立大学等経常費補助金の取扱について（通知）」（２０１８年）によって、一定ラインの入学定員を超過した場合、補助金の不交付の基準が厳しくなった。

それまでは定員オーバーの入学者数でも許容されていたケースがあったが、今ではそれが認められなくなったのだ。

日本大学のある学部では、合格者を多く発表しすぎたため入学者が定員をかなり超えてしまい、同補助金が受け取れなくなって大騒ぎになったことがある。

そこで各大学の入試担当者は、「募集人員と合格者、合格者と入学手続き者の関係を予測するテクニック」がより重要になった。募集人員が減れば合格者数を減らさざるを得ない。そのため絞った合格者の入学手続き率が予想より低ければ、追加合格を多く出して入学者数をコントロールする。しかし、受験生本人のプライドの問題は別にして、追加合格の知らせが遅いと、併願した大学に合格し、すでに入学手続きをしてしまったという事例も生まれる。

上智大学やMARCHなどでは、特にその傾向が目立つ。『大学ランキング2023』によると、2021年の一般選抜による入学者が全体の入学者に占める比率は、青山学院大学が最も高く60・5%で早慶よりも高い。以下、法政大学54・9%、中央大学54・2%、立教大学54・1%と続く（明治大学は不明）。55%前後が多い。逆に言えば、約45%は一般選抜以外の入学者なのだ。

ミッション系の青山学院大学や立教大学に比べてイメージカラーはそれぞれ微妙に違うが、ややバンカラの校風であった明治大学・中央大学・法政大学の三大学は、創立時の目的が似ている。

明治大学は1881（明治14）年の明治法律学校、中央大学は1885（明治18）年の英吉利法律学校、法政大学は1880（明治13）年の東京法学社と、ルーツとなった学校が法律専門なのだ。また、慶應大学の福沢諭吉、早稲田大学の大隈重信のような個性的なワンマン創立者がいない点も同様だ。

また、主要キャンパスが都心にある明治大学や法政大学では、最近は女子受験生が増加している。交通の便の良さやオシャレにイメチェンしたキャンパス風景が主たる要因なのかもしれない。これも、男子受験生にとっては以前より両大学が狭き門となっている一因だろう。

2022年度入試では、MARCHの志願者数は2021年の反動で青山学院大学がプラス19・2％の急増、逆に立教大学はマイナス4・3％の減、明治大学は微増、中央大学はマイナス17・5％の急減、法政大学はプラス19・1％の急増となった。2023年は、その反動が予想される。

明治大学

人気エリアにあるキャンパスの魅力

明治大学のキャンパスは、駿河台（千代田区）、和泉（杉並区）、生田（川崎市）、中野と東京都内や近郊の人気エリアに集中している。和泉キャンパスの最寄り駅「明大前」は、京王線や井の頭線で新宿と渋谷につながっている。「生田」と「中野」は短時間で新宿に出られる。その影響もあってか、一般選抜で合格者数の多い高校のランキングでは、上記のターミナル駅などへのアクセスのよい神奈川県内の県立進学高が上位を占めている。

また、国際日本学部や情報コミュニケーション学部、総合数理学部などの学際色が強く比較的新しい学部が、人気を支えている。グローバリズムやデータサイエンスの新しい動きをキャッチする感覚も鋭い印象だ。

総合数理学部は、以前は「何を学ぶのかわかりにくい」という声もあったが、今では現象数理学科、先端メディアサイエンス学科、ネットワークデザイン学科など、最近のデータサイエンスブームの先端を行く印象だ。

国際日本学部は、私立の神奈川大学や国立の東京外国語大学でも、同名の学部が新設された。これら有力大学の追随は、明治大学の先見の明を証明していると言えよう。

明治大学は卒業生が中堅社員として多くの企業を支えるイメージが強い。また、就職の実績を見ると国家公務員でも一般職が多い。それらのイメージが幸いしてなのか、就職実績が好調なのも強みだ。そのイメージアップは、明治大学の就職キャリアセンターのパワーがあってこそだが……。

【明治大学】学部偏差値

学部	2019年	2022年
文学部	60.0	62.5
国際日本学部	60.0	62.5
法学部	60.0	62.5
政治経済学部	60.0	65.0
経営学部	60.0	65.0
商学部	60.0	65.0
総合数理学部	55.0	60.0
理工学部	57.5	62.5
農学部	57.5	62.5
情報コミュニケーション学部	57.5	65.0

出典：河合塾Kei-Net
同一学部で学科によって偏差値が異なる場合は、高いほうの偏差値を表記した

付属・系列校は今まで意外と少なかったが、近年は増える傾向にある。

例えば、名門の日本学園と系列校化の基本合意書を締結した。2026年からは、現在男子校の日本学園中学校・高等学校を明治大学の系列校として共学化し、名称を「明治大学付属世田谷中学校・高等学校」とする。このようなケースはまだ増えるかもしれない。

一般選抜の割合が多く、受けやすい多様な受験パターン

明治大学の一般選抜は、「学部別入試」、「全学部統一入試」、「共通テスト利用入試」の3つの入試形態があり、併願も可能だ。

入学者数の内訳は、おおむね学部別入試5割、全学部統一入試1割、共通テスト利用入試1割と、人数に差がある（以上、一般選抜）。他は、おおむね推薦入試2割、指定校推薦1割である。

明治大学では、有名私大では初めての全学部統一入試を2007年から導入した。その影響か、当時は志願者数（一般選抜）で全国トップに立った。その後、近畿大学に抜かれたが、学内併願を除いた実志願者数では、最近は法政大学と全国1位の座を競っている（第2章参照）。

実志願者数の多さは、明治大学が比較的一般選抜の比率が高く、毎年10万人規模の志願者を集めることが主たる要因だろう。一般選抜が約7割、総合型選抜（AO入試、自己推薦、公募制）と指定校推薦、付属校の内部推薦を合わせた特別選抜が約3割となっている。

一般選抜が募集人員の7割を占めるのは、早慶、MARCHの中では最も高い割合だ。

それだけ私大受験生にとって間口が広く、併願候補になりやすい。

総合型選抜では、政治経済学部が国内外の受験生を対象に、グローバル型特別入試を行っており、総合問題と口頭試問で選考している。国際日本学部は２０２２年度入試から自己推薦特別入試を始めた。

学科によって違うが、情報コミュニケーション学部と総合数理学部の実質競争率が総じて高い。ＤＸ（デジタルトランスフォーメーション）時代に社会的ニーズの高い学びができるからであろう。

また、各学部の入試方式で教科数が違うパターンが多いので、受けやすい半面、出願時にその比較検討の注意が必要だ。

青山学院大学

青山キャンパスの魅力が人気の原動力

青山学院大学の難易度ランクは、数年前から上昇傾向にある。

【青山学院大学】学部偏差値

学部	2019年	2022年
文学部	57.5	65.0
教育人間科学部	60.0	62.5
経済学部	57.5	65.0
法学部	57.5	62.5
経営学部	57.5	62.5
国際政治経済学部	60.0	65.0
総合文化政策学部	60.0	65.0
理工学部	55.0	57.5
社会情報学部	57.5	65.0
地球社会共生学部	55.0	60.0
コミュニティ人間科学部	-（※）	57.5

（※）2019年新設

出典：河合塾Kei-Net
同一学部で学科によって偏差値が異なる場合は、高いほうの偏差値を表記した

お正月の風物詩、東京箱根間往復大学駅伝競走。「箱根駅伝での大活躍の影響で人気が高まったからだ！」という駅伝ファンの声もある。２０２２年は、青山学院大学の圧勝に終わった。選手層の厚さが勝因と言われており、これから数年間は「青学の天下が続く」ともっぱらの評判だ。

しかし、現実的に見れば、キャンパスを利便性が高い東京の「青山」に大集合させて、受験生の人気を集めたことが主因だろう。理工学部、社会情報学部、地球社会共生学部、コミュニティ人間科学部の相模原キャンパス（神奈川県相模原市）の４学部を除いて、経済学部や文学部などの文系７学部が、東京郊外から青山キャンパス（渋谷区）に移転したのだ。渋谷駅から徒歩圏内エリアにあり、表参道駅から歩け、ファッションのトレンドに触れることができるのも、うれしい点であろう。このキャ

ンパス移転と駅伝とが、人気の相乗効果を生んだと考えられる。

キリスト教信仰に基づいた「地の塩、世の光」をスクールのモットーとして掲げ、「キリスト教概論」が必修科目となっている。

2022年度入試では、新設の法学部ヒューマンライツ学科も注目された。一般選抜（個別・全学部）募集人員約55人と小ぶりなのに個別学部日程で426人、全学部日程で742人もの志願者を集めたのだ。学科の名称に「ヒューマンライツ」を冠しているのは国境を越えた普遍的な価値としての人権概念に基づいているからだ。

ロシアのウクライナ侵攻による影響で、同学科の2年次から学ぶ「戦争・紛争と人権」は、今や時宜を得た科目となった。他にも「貧困と人権」「ジェンダーと人権」など、人権に関わる具体的なテーマ別科目を履修できる点が特徴だ。日本赤十字社とのタイアップで開講される「国際社会と人道支援」などは、いかにもミッション系らしいグローバルな学びと言える。

志願者離れは2022年にストップ

2022年度入試の一般選抜の志願者動向を見ると、かなり増えている。これは、20

21年に総志願者数が前年比69・4と大きく減少した反動が主因だろう。

2021年の大幅減少の要因は、①経済学部、理工学部、文学部英米文学科などを除く学部で個別試験科目のみの入試がなくなったこと、②全学部日程試験を除き、共通テストの結果と学部独自の試験結果で合否判定をする個別学部日程方式に変えたこと、の2点と考えられる。これで共通テストを全く受けない私立大専願受験者が敬遠したと思われる。

ただ、2021年の一般選抜合格者の入学者比率は、2000人以上の大規模私立大では、30%台の早慶に続く第3位の27・7%で、MARCHの中ではトップだ。一般選抜合格者の入学手続き率が高い傾向は、大学側にとっても安心材料だろう。

2022年度入試では、全学部日程の志願者数は、2021年の8539人から1万1958人へと大幅に増加している。個別学部日程入試では、2021年は2万2115人に対し、2022年は2万4559人となっている。2022年4月に法学部ヒューマンライツ学科が開設されたことを考慮しても、前年から反転して増加傾向にある。これは2021年の反動ということもあるが、受験生が青山学院大学の志望学部・学科の事前研究が進んだということもありそうだ。

それだけ親の時代よりも入試ルートが多様化し、学力偏差値だけでなく、自分の学力タイプにマッチした受験作戦が欠かせないということである。

２０２３年は共通テスト利用入試で、科目数の多いタイプが文・法・総合文化政策・社会情報・コミュニティ人間科学などで追加された。国公立大と併願する受験生にとっては選択肢が広がり、うれしい変更だ。

立教大学

RIKKYO Learning Styleで全学部教育

立教大学は、かつてプロ野球界で活躍した長嶋茂雄・一茂親子のイメージもあってか、ミッション系の大学という印象は薄かった。しかし、最近は、ミッション系らしく、グローバル色を全学で強く打ち出している。

「立教に経営あり」と声価を高めた立教ＧＬＰ（グローバル・リーダーシップ・プログラム）は、最近の立教大学の特色である「リーダーシップ教育」として、学部学科を問わず全学年が学ぶことができる体系的なプログラムだ。最近は、多国籍企業と連携して課題解決型授業を展開するなどのアクティブラーニングによって、具体的に成果を発揮するときが来た。

さらに、学部の枠を超えた全学的な取り組みとして、4年間を通して、導入期→形成期→完成期とプレゼンテーションや時間管理などを学ぶ「RIKKYO Learning Style」がある。今後は、AIやデータサイエンスなどもテーマにしていくという。新分野の学びにも積極的だ。2023年には、新座キャンパス（埼玉県新座市）に健康科学とウエルネスを学ぶスポーツウエルネス学部が新設される予定だ。

【立教大学】学部偏差値

学部	2019年	2022年
文学部	57.5	62.5
現代心理学部	57.5	65.0
異文化コミュニケーション学部	62.5	67.5
社会学部	60.0	65.0
観光学部	57.5	60.0
コミュニティ福祉学部	55.0	60.0
法学部	57.5	60.0
経済学部	60.0	62.5
経営学部	62.5	65.0
理学部	57.5	57.5

出典：河合塾Kei-Net
同一学部で学科によって偏差値が異なる場合は、高いほうの偏差値を表記した

2022年入試で立教大学に100人以上の合格者を出した高校7校のうち、5校は埼玉県下にあり、そのうち女子校が3校を占める。いまの立教キャンパスの雰囲気をイメージさせる合格実績と言えよう。

立教大学は、観光学の分野では、パイオニアだ。1998年に観光学科が独立し、新座

キャンパスに観光学部を開設して日本初の観光系の学部となった。観光学科、交流文化学科の2学科がある。その後、他大学にも次々と観光学部が創設された。観光という限定業種関連の新学部は当時、特記すべき現象で、それほど社会的ニーズが高かったということであろう。

その学びの特色は、観光を3つの視点からとらえていることである。まずビジネスとしての観光、次に文化現象としての観光、そして地域社会における観光である。インバウンドの観光やＧｏＴｏトラベルなどの政策ではビジネス面が重視されているが、大学の観光学の目標としては、日本における文化の発見や地域における自然資源や歴史資源の再評価という面も大きい。

2022年にも魅力を発揮した全学部日程入試のユニークさ

２０２１年の大幅な志願者増は、ユニークな全学部日程の入試方式を導入したことが主因だった。学部別の試験日でなく、「科目パターンごと」の試験日を設定するというユニークで画期的な試みだ。文系と理系で違いがあるが、文学部を除いて、試験科目パターンで受験可能な学部なら同じ試験日に複数の学部を受験できる。いわゆる「コスパの良い併願」で受験できるのだ。

試験日は5日間設定したが、受験生一人あたりの併願が増加して、結果的に総志願者数が大きく増加した。ただ、一般選抜で合格した者の入学者比率は、入学定員2000人以上の大規模私大としては、17％前後とあまり高くなかった。これだけ学内併願がしやすくなったのだから、当然予想された結果と言える。

その反動で、2022年度入試ではやや減となった。全学部日程入試では、さすがに2022年の志願者数は微減となったが、相変わらず人気は高い。

半面、共通テスト利用入試は微増となった。共通テスト利用入試では、共通テストでの英語と英語資格・検定試験のうち得点が高いほうの成績が採用されるため、共通テストに不安を抱える受験生の人気を集めたとも考えられる。

2022年の一般選抜の志願動向を学部別に見ると、法学部は激増だった。特に国際ビジネス法学科の志願者数の増加が目立つ。国際コース選抜入試で受験可能な「グローバルコース」の新設が要因であろう。

共通テスト利用入試は非常に高倍率で、法学部は66・4倍、経営学部は42・4倍、経済学部は34・9倍、文学部が34・5倍であった。

立教大学の受験対策としては、合格可能性という点で、非常に志願倍率が高い共通テスト利用方式は、かなり高得点だった場合は別にして、受験作戦としては「あまり当てにできない」と考えたほうがよい。

中央大学

都心回帰で伝統の法曹育成に全力

中央大学は、2023年に多摩キャンパス（東京都八王子市）から茗荷谷キャンパス（東京都文京区）に、法学部の1～4年生が移転する。東京メトロ丸ノ内線「茗荷谷」駅から徒歩1分の駅近キャンパスだ。

また、ロースクール（法科大学院）を駿河台キャンパス（千代田区）に移転させる。ここなら茗荷谷と地下鉄でつながる。これによって、一貫教育ができるだけでなく、教員相互に授業を担当できる物理的な環境が整備されることになる。

2020年度から法律学科法曹コースに「一貫教育プログラム」を設けたことで、法学部3年間＋ロースクール2年間（合計5年間）の体系的・一貫的な教育が注目されてきた。「實地應用ノ素ヲ養フ」という建学の精神のもとで、法曹養成の機能がより高まるだろう。

さらに、法曹や公務員の志望者にとって学びの場であった「炎の塔」の機能も、多摩キャンパスから茗荷谷へ移転することになった。茗荷谷を拠点とした新たな「中央大学キャンパスエリア」が生まれるのだ。

この都心リターンで、法曹界に実績を持つ中央大学の人脈を生かした伝統の強みを発揮するときが来たと言えそうだ。

【中央大学】学部偏差値

学部	2019年	2022年
文学部	57.5	60.0
法学部	60.0	65.0
総合政策学部	57.5	62.5
経済学部	57.5	60.0
国際経営学部	－（※）	60.0
商学部	57.5	60.0
理工学部	55.0	60.0
国際情報学部	－（※）	62.5
		（※）2019年新設

出典：河合塾Kei-Net
同一学部で学科によって偏差値が異なる場合は、高いほうの偏差値を表記した

また、八王子でなく同じ都心エリアにある理工学部（後楽園キャンパス）、国際情報学部（市ヶ谷田町キャンパス）との連携を強化し、文理融合による共同科目を開講する予定だという。

こうして郊外の多摩キャンパスと並んで、中央大学の新たなシティキャンパスへの変貌

が進んでいる。

2022年に志願者数が大幅に減少した理由

中央大学は、2021年末における志願者動向での前評判は高かった。模試受験者の志願動向では、新型コロナの影響で敬遠された留学系の国際経営学部を除き、その他の学部では志願者が軒並み増えていたのだ。

その予測には、法学部の茗荷谷キャンパスへの移転や文系資格の国家試験に強いというイメージが、長引くコロナ禍の影響で再評価されていることが背景にあった。

ところが、結果的には2022年の最終志願者数は前年比ダウンで終わった。一般選抜の学部別選抜では、2021年よりも825人減の3万4732人で、募集人数2784人に対して12・5倍だった。また、共通テスト利用選抜（併用でなく単独方式）では、1万168人減の1万3749人で、倍率こそ20・1倍とまだ高かったが、志願者数は激減した。

MARCHの中央大学以外の共通テスト利用の一般選抜の志願者はやや増えているのに、中央大学だけが大幅減だったのだ。背景には、中央大学がもともと国公立大との併願者が多く、共通テストが難化して平均点が大幅に下がった影響がある。

また、以前から比較的高い志願倍率だったので、合格可能性も考慮して出願を取りやめた受験生も多かったのかもしれない。

ただ、首都圏の私立大受験生にとっては、司法試験だけでなく、司法書士、税理士などの「国家試験に強い中央大」は依然として大きな魅力がある。

2023年以降は法学部の都心移転の効果も期待できるので、復調することは間違いない。さらに、2019年に新設された国際経営学部、国際情報学部なども、ポストコロナで、企業社会のグローバリズムが再始動すれば就活なども注目されて、存在感を高めることになるだろう。

法政大学

女子学生が約4割に……イメチェンに成功

法政大学は、2022年の5月時点で女子学生の比率が40%ラインに達している。学舎の高層ビルがそそり立つ市ヶ谷キャンパスもカラフルな印象だ。比較的新しい校舎「ボアソナード・タワー」「大内山校舎」は、シティキャンパスの魅力を発揮している。多くの女子受験生もオープンキャンパスに参加しているようで、お気に入りになることも少なくないと聞いた。

【法政大学】学部偏差値

学部	2019年	2022年
文学部	57.5	65.0
グローバル教養学部	60.0	60.0
社会学部	55.0	62.5
現代福祉学部	55.0	60.0
国際文化学部	57.5	62.5
法学部	57.5	60.0
経済学部	55.0	57.5
経営学部	55.0	60.0
デザイン工学部	52.5	57.5
理工学部	52.5	57.5
生命科学部	55.0	60.0
スポーツ健康学部	55.0	57.5
キャリアデザイン学部	55.0	62.5
人間環境学部	55.0	60.0
情報科学部	52.5	60.0

出典：河合塾Kei-Net
同一学部で学科によって偏差値が異なる場合は、高いほうの偏差値を表記した

同大学の卒業生で「東京六大学では初の女性総長」であった田中優子前総長や各学部の女性教授の活躍も手伝って、学生運動が盛んな硬派な大学から、すっかりイメチェンを果たした印象だ。今後は女子受験生の人気を呼ぶ好循環につながっていくのだろう。

また、「この分野で具体的にこれを学びたい」という受験生の志向の多様性に対応する学部の多様化も効を奏しつつある。人間環境、デザイン工学、国際文化、

スポーツ健康などの各学部の志願動向への対応も堅調で、時代に先駆けた学際色の強い多くの学部が人気を呼んでいる。

また、法政大学にはデザイン工学、理工、生命科学、情報科学と理系の学部が4つもある。これは東京理科大学などを除き、他の私立の総合大学にはあまり見られない特徴だ。理系の私立大受験生にとって、学内併願がなかなか難しい有名私大理工系で、このように選択肢が広いことも大きな魅力だろう。

昨今では、学際分野を志向する法政大学の積極性が花開く時が到来した印象がある。

MARCHで最も志願者数を伸ばした

これまでMARCHでは、難易度ランクで明治・青山学院・立教と法政との間に溝が生まれている、と言われてきた。しかし、2022年の法政大学は志願者数が前年比119%だった。一般選抜では約20%の伸びとなっている。

これがきっかけで、前頁の表のように、この3年間で急難化している学部が多い。

他のM（明治）・A（青山学院）・R（立教）・C（中央）も難化しているので、まだ横一線というレベルではないが、その差は確実に縮小しつつあると言ってよい。

とりわけ、社会、経営、文、法、経済など従来型の社会科学系が伸びているのが強みだ。小金井キャンパスの理工、情報科学、生命科学など理工系も伸びている。これらの学部の難易度ランクは2023年以降も上昇機運は変わらないだろう。

法政大学の受験生は、他大学との併願が多いと言われるが、学内併願も少なくない。学内併願者数をマイナスして計算した「実志願者数」（88頁の表参照）では、のべ志願者数で全国トップの近畿大学よりも多く、例年、明治大学とトップ争いを演じている。それだけ根強い「法政ファン」がいるということであろう。

法政大学は、私大3教科型の個別日程入試の募集人員が、他大学と比べて多い。一般選抜の入試制度には4つの方式がある。

①A方式入試（個別日程・最も募集人数が多い3科目）、②T日程入試（同日に試験を実施する統一日程・2科目で複数学部を併願できる）、③英語外部試験利用入試（独自の英語試験なし）、④共通テスト利用入試（共通テストの得点のみで合否判定。この④にはB方式〔3教科型〕とC方式〔国公立大との併願を想定した5教科6科目型〕がある）の4つである。

受験生の多様な要請にも柔軟に対応できる法政大学の入試制度が人気を呼び、志願増につながっているのだろう。そのため、合格者の入学率も18・0％と学内併願などが多いことを勘案すると比較的高いと思われる。

今後も、学力偏差値の上昇につながりやすいと言われる「女子受験生の増加」と「実志願者数トップクラス」の2つの要因で、法政大学の難易度ランクが上昇機運にあることは間違いない。

第5章

関関同立

——大阪の陣が攻防のカギとなる

全体的な学力偏差値をモノサシとする難易度ランクでは、京都府に位置する京都大学と同志社大学は、学部にもよるがそれぞれ国立・私立の関西圏トップのポジションにいる。その立場はこれからも揺るぎそうにない。

しかし、大阪府に位置する関西大学や、大阪府と包括連携協定を締結して大阪府茨木市に学部キャンパスを置く立命館大学は、大阪公立大学の誕生や近畿大学の追撃の影響をもろに受けそうだ。阪神地区でも兵庫県にある関西学院大学は理工系再編などイメチェンを図りながら、授業を原則「対面のみ」に踏み切るなどマイペースを行く。

首都圏のMARCHへの関西圏からの志願者が極端に少ないのは、同レベルの関関同立が健在だからだ。逆に言えば、関関同立に東日本からの受験生が増えれば、全国の私立大受験地図は大きく変わるだろう。

激変しそうな関西圏の私大地図

京都大学・大阪大学・神戸大学・同志社大学・立命館大学・関西大学・関西学院大学の7大学が参加する「関西7大学フェスティバル」が、毎年開催されている。コロナ禍の2021年は、8月にオンラインでの開催となった。

それぞれの大学の入試情報を集めた特設サイトが公開され、各大学の理事・副学長などによるパネルディスカッションがライブ配信された。関西地区だけでなく全国の受験生に向けてPRした企画だ。2022年は東京会場で、3年ぶりに対面で開催される予定になっている（2022年8月15日現在）。

この7大学は、「国立」京阪神トリオ（京都府・大阪府・兵庫県を代表する国立大学）と関西圏を代表する「私立」カルテット関関同立だ。背景には、全国に通用する「関西圏のブランド大学」であるという自負があるのだろう。

関関同立は全国的に通用する「関西圏の私立ブランド大学群」である。だが、近年は「早慶近」を自任する近畿大学や、大阪府立大学と大阪市立大学の統合で誕生した〝マンモス〟大阪公立大学の影響を強烈に受けている印象だ。

関西大学

９０００人の外国人学生で、グローバルキャンパスに変貌か

建学の精神は「正義を権力より護れ」とかっこよい。首都圏の明治大学や法政大学と同じように法律学校がルーツで、校風もよく似ている。

最近では、外国人学生を９０００人に増やすという「ＫＡＮＤＡＩ Ｖｉｓｉｏｎ １５０」を掲げた。実現すれば、２０３６年には３人に１人が外国人学生となり、キャンパスの雰囲気も大きく変わる。２０２５年の「大阪・関西万博」も視野に入れた戦略なのだろう。

現在は留学生が５３４人と関関同立で最も少ないが、実現すれば一転、「なにわの関西大から世界の関西大」にイメチェンするかもしれない。

デジタル社会に求められる基礎知識を学ぶ新設科目は、文理を問わず全学部の学生を対象に展開している。その応用・発展系として、各学部・研究科が提供する専門教育科目と連動し、実践的なスキルや知識を備えた人材を育成する。文部科学省による「数理・データサイエンス・ＡＩ教育プログラム」の認定も視野に入れているのだ。

また、大阪公立大学の誕生を追い風にしようとする試みも活発だ。2008年に関西大学、大阪府立大学、大阪市立大学は、同じ都市圏に立地する大学として、より活発な相互交流を推進するため、包括連携協定を締結し、連携を進めてきた。2021年1月には、3大学の学長から、新型コロナウイルス感染症に関する共同メッセージが発信されている。

関西大学の前田裕学長（大阪府立大工学部OB）は、学長に就任直後の2021年10月に、大阪府立大学を訪問して辰巳砂昌弘学長（現大阪公立大学長）と懇談している。

ともに大阪府下にある大阪公立大学と関西大学は「特別な関係」にあると言ってよい。大阪公立大学は、2022年6月から大阪大学とも連携を強めているので、関西大学としては大阪における学びのネットワークが広がるだろう。

【関西大学】学部偏差値

学部	2019年	2022年
文学部	55.0	60.0
外国語学部	57.5	65.0
社会学部	52.5	57.5
社会安全学部	50.0	55.0
法学部	52.5	57.5
政策創造学部	52.5	57.5
経済学部	52.5	60.0
商学部	52.5	57.5
環境都市工学部	52.5	57.5
化学生命工学部	55.0	55.0
システム理工学部	52.5	55.0
人間健康学部	50.0	55.0
総合情報学部	50.0	57.5

出典：河合塾Kei-Net
同一学部で学科によって偏差値が異なる場合は、高いほうの偏差値を表記した

「なにわ」中心の私大から抜け出せるかどうか

関西大学の合格者数の高校ランキングの上位は圧倒的に大阪府下の高校で、まさに「なにわの大学」なのだ。２０２２年進学データから見ても、大阪府下の多くの高校で関西大学の合格者数が最上位である（「週刊朝日」）。大阪の受験生から、いかに「なにわの関大」が選ばれているかがわかる。ただ、最近では近畿大学と拮抗している高校も増えている、とも言われる。

学部別では、外国語学部が人気上昇中だ。前頁の表のように学力偏差値の上昇度も図抜けて高い。入学定員が他の学部と比べて少ないせいか、偏差値も学内で一番高い。大学が外国人学生を増やすという展望を描けるのも、外国語学部の学びに自信があるからであろう。

伝統のある文学部も卒業生が多く、西日本では高校教員となるケースが目立つ。これらも受験生の人気を集め、学力偏差値が高くなっている一因であろう。経済学部も人気上昇中だ。

総合情報・環境都市工学・人間健康・政策創造など学際系学部も、学力偏差値が緩やかに上昇中である。ほぼ立命館大学の同系統学部と肩を並べている。

共通テスト利用入試の個別試験を課さない受験方法は、前期・後期と分かれており、珍しいタイプだ。2022年度入試では、大阪公立大学との併願も多かったのではないだろうか。

関西学院大学

理工系人気を先取りして学部再編

国際都市・神戸の街並みを見下ろす高台。南欧イメージの緑豊かな兵庫県西宮市「上ケ原」の地に関学キャンパスはある。甲山を背景に、時計台がある左右対称の美しい学舎だ。ミッション系だけに女子学生に人気があり、今までは文系大学のイメージが強いという印象があった。

しかし、2021年に従来の理工学部を大きく再編して注目された。理学部、工学部、生命環境学部、建築学部に拡充し、さらに、その理工系と連携する総合政策学部へと生ま

【関西学院大学】学部偏差値

学部	2019年	2022年
文学部	55.0	60.0
教育学部	55.0	60.0
神学部	50.0	57.5
社会学部	55.0	60.0
人間福祉学部	52.5	57.5
国際学部	60.0	67.5
法学部	55.0	60.0
総合政策学部	52.5	57.5
経済学部	55.0	60.0
商学部	55.0	60.0
理学部	52.5（※1）	55.0
工学部	（※1）	57.5
生命環境学部	（※1）	55.0
建築学部	（※2）	55.0

（※1）2021年、理工学部が理学部、工学部、生命環境学部に再編された
（※2）2021年、総合政策学部の建築コースが独立

出典：河合塾Kei-Net
同一学部で学科によって偏差値が異なる場合は、高いほうの偏差値を表記した

れ変わったのだ。2年目の2022年度入試でも、建築を除く理工系新学部と総合政策は志願者が増加した。

この4学部は上ヶ原ではなく、「神戸三田」（兵庫県三田市）にキャンパスがある。理工系学部が多いだけに堅い雰囲気かと思いきや、上ヶ原と同様に、南欧風の赤瓦とクリーム色の壁面の校舎で明るいイメージだ。これなら、理系女子もモチベーションが保てそうな学び舎である。

校舎の屋根には天体観測ドームがあり、企業と共創する場としてオリジナルマイボトルでSDGsを実践する「B・iZCAFE」を設置して、一味違った関学らしい雰囲気を醸

し出している。

こうした学部再編の動きの背景には、従来の関学が多くのOBやOGを送り込んでいたメガバンクなどの金融機関が、AI（人工知能）などの影響により、近年は採用人数を縮小している現実がある。伝統の強みに安閑としてはいられない、という危機意識の反映と言えるだろう。理工系人気を先取りした学部再編の動きとともに、AI教育を全学的に実施することも、伝統に安住しない関学の姿勢の表れなのだ。

他の有名私大がコロナ対策として始めたオンライン授業を、部分的にポストコロナにも継続する方向なのに対し、関学は全面的に対面授業に復帰する予定だ。緊急事態宣言後に学生の孤独の悩み相談などが増えたので、2022年度の授業について、「対面授業を基本として実施する」という方針を決定した。授業の効率性を考えてオンライン授業を残す大規模私大が多い中で、学生本位の思い切った措置だ。キャンパスには学生たちの笑い声が戻ったようだ。

共通テスト方式で志願者大幅増

2022年度入試（一般選抜、1月出願）で7科目の共通テスト利用方式の入試を新たに採用した。地方会場の拡充もあり、国公立大受験生の併願先として、さらに人気を集めた。関関同立でトップの志願者増となった一因であろう。それもあってか、各学部とも学力偏差値は上昇中だ。

関西学院大学は学校推薦型選抜の入学者における比率が非常に高い。このような傾向は、ミッション系の大学に共通している。また、総合型選抜の入学者の割合も多い。そのせいか、今までは、合格者数の多い高校10位までは地元兵庫の公立高が9校となっており、地元に愛されている大学という印象だった。

しかし、理工系学部の大幅再編や共通テスト方式入試の導入などを契機に、地元中心だった受験生の質も変わる可能性がある。

一般選抜の入学者の比率が高くなり、これからは国公立大やほかの有名私大受験生が併願する割合が増えてくると予想される。これも学力偏差値上昇の要因となっているのではないかと思われる。

受験生目線での高校生向け情報サイト「関学のコト知るサイト」をＷＥＢ上で公開している。受験人口減少の時代でも「選ばれる大学」になる、という関学ならではの戦略が根底にあるのだろう。

同志社大学

ダイバーシティを重視する女性学長

同志社大学の創立者新島襄の夢は、「良心」と「自由」に満たされた学園と社会の実現だ。新島の「弱者の友になれ」という言葉は、現在の貧困対策の原点にもなり得る。同時に新島の「諸君ヨ人一人ハ大切ナリ」は同志社大学のダイバーシティ（多様性）重視にもつながる。

お茶の水女子大学卒業生である植木朝子学長のさまざまな発信もジェンダーフリーで、同志社のダイバーシティを体現しているかのようだ。多様性を重視する理念は、他学部の科目を選択できる副専攻制度にも表れている。例えば、文系学部の学生でも、生命医科学部の科目が受講できるのだ。

また、2021年9月にできた同志社大学で初の教育寮である「継志寮」は、留学生2名、国内学生3名の「5名を1ユニット」として、1フロアに16ユニット80人が居住して共同生活を送るシステムになっている。

ダイバーシティ・キャンパスのシンボルと言えよう。

対人関係でも積極的な留学生と、遠慮がちな日本人学生の比率を2対3にして、バランスをとろうとする配慮があるようだ。

関西圏で関関同立などを併願して複数の私立大に合格すると、同志社大学に進む受験生が多いと言われる。それは、複数合格者の入学選択先の調査にも表れている。

最近マスコミによく登場する同志社OBの保阪正康氏、佐藤優氏、百田尚樹氏（中退）などの顔ぶれをみても、リベラルから右派までまさに多様な同志社大の学風がうかがえる。

この自由な学風は同志社大学の大きな魅力で、関関同立の中でも学力偏差値で頭一つ抜けている一因なのかもしれない。

国公立大受験生にも高い評価

関西圏で第一志望の国公立大が不合格だったら、併願した同志社大学に入る心構えができている受験生も多いと聞く。併願私立大の中で、比較的、入学することに納得感が強いのだろう。入学するための学力偏差値も、ほぼ60以上をキープしており、バラツキが少ない。

入試問題の傾向も記述問題が多く、記述・論述式が中心の個別試験のウエイトが比較的高い難関国公立大の受験生にとっては、受験対策をしやすい面もあるのだろう。もちろん、関西圏では、同志社のブランドの強さが入試にも表れている。

学力偏差値でいえば、心理、グローバル・コミュニケーション、グローバル地域文化、社会、商の各学部が強い。これに伝統の法・経済が続き、首都圏の明治大学とおおむね同格だった。

グローバル地域文化学部とグローバル・コミュニケーション学部など国際系学部が健闘しているのが印象的だ。

グローバル関係の学部の人気は、古都・京都にあって国際性を追求しているのが、受験生に好まれる要因かもしれない。

コロナ後の外国人訪日客が増加する観光ブームも視野に入れているのだろう。

【同志社大学】学部偏差値

学部	2019年	2022年
文学部	57.5	60.0
心理学部	60.0	62.5
神学部	55.0	60.0
グローバル・コミュニケーション学部	60.0	62.5
グローバル地域文化学部	60.0	62.5
社会学部	57.5	62.5
法学部	60.0	60.0
政策学部	57.5	60.0
経済学部	57.5	60.0
商学部	60.0	62.5
理工学部	60.0	60.0
生命医科学部	57.5	57.5
スポーツ健康科学部	55.0	55.0
文化情報学部	55.0	60.0

出典：河合塾Kei-Net
同一学部で学科によって偏差値が異なる場合は、高いほうの偏差値を表記した

立命館大学

「京都の大学」からのイメージ転換か

立命館大学といえば、10年ほど前までは「大学改革の旗手」として名を知られ、関東地方の高校でも進路指導の先生の間で評判だった。まさにいろいろな学力タイプの人材を受け入れるために入試方式を多様化した先駆者と言えよう。

グローバル教養学部を除く全学統一方式、学部個別配点方式、理系型3教科方式、共通テスト併用方式など複数の入試方式があり、その方式間で学内併願ができるので、「のべ志願者数」が多くなる傾向にある。

その成果もあってか、学部の学生数は現在でも関関同立の中では、唯一3万人を超えている。

学部数も、他の3大学が13〜14学部であるのに対して、16学部となっている。ただ、昨今は「改革疲れ」も出てきたのか、おとなしい印象だった。

しかし、いよいよ再始動の時がはじまる。これまでの「立命館大学は京都や琵琶湖にある大学」というイメージから抜け出るかもしれない動きがある。
2024年4月に映像と情報理工の2学部を大阪いばらきキャンパスに移転させて、IT企業などのノウハウを活用する「ソーシャルコネクティッド・キャンパス」を構想中なのだ。背景には、大阪府との包括連携協定や2025年の大阪・関西万博を絡めた戦略があるのだろう。

【立命館大学】学部偏差値

学部	2019年	2022年
文学部	55.0	60.0
総合心理学部	57.5	60.0
産業社会学部	52.5	57.5
国際関係学部	57.5	65.0
法学部	55.0	57.5
政策科学部	55.0	57.5
経済学部	52.5	57.5
経営学部	55.0	57.5
食マネジメント学部	52.5	57.5
情報理工学部	52.5	55.0
理工学部	52.5	55.0
生命科学部	55.0	55.0
薬学部	55.0	57.5
映像学部	52.5	57.5
スポーツ健康科学部	52.5	55.0

（注）グローバル教養学部を除く
出典：河合塾Kei-Net
同一学部で学科によって偏差値が異なる場合は、高いほうの偏差値を表記した

最近の立命館大学はアントレプレナー（起業家）対策にも熱心だ。大学発ベンチャー企業の数も経済産業省と連携する価値総合研究所の調査によると、2021年度で87社と全国で第13位。私立大では、慶應大学、東京理科大学、早稲田大学、デジタルハリウッド大学に次ぐ全国第5位と高い実績だ。また2019年対比で、伸び率が363%

と私立大では東京理科大学に次いで第2位なのは注目に値する。

地域貢献や外部資金稼ぎにシフトしがちな国立大のベンチャーとは違い、自由な発想で社会課題を策定し、その問題解決を導くイノベーション人材による立命館大発の起業への期待は大きい。

注目の「atama+」(アタマプラス)の総合型選抜

入試では、立命館大学もグローバル系の国際関係学部の学力偏差値が最も高く、前頁の表でわかるように現在も急進中だ。これに総合心理と文の両学部が続く。総じて、関西学院大学とほぼ同格の難易度ランクだ。

2022年度入試では、薬学部の志願者が57%増となっている。全国的な薬学部人気を背景に、薬学科と創薬科学科の併願ができるようになった入試方式が大きく影響していると思われる。

また、AI学習システム「atama+」(アタマプラス)を活用した総合型選抜を、2023年度入試から開始する。AIを用いた最先端のテクノロジーで、世界に一つの「自分専用カリキュラム」を提供するこの学習システムは、すでに塾や予備校で採用されている。

対象となる学部は、経済学部（経済専攻）、スポーツ健康科学部、食マネジメント学部で、いずれも専門の学問分野を学習するために数学的な素養が重要となる学部だ。3学部とも、滋賀県のびわこ・くさつキャンパス（BKC）で学びを展開している。このシステムを活用した入試は全国で初めてだ。立命館大学らしいチャレンジと言える。

立命館大学は、関関同立の中で、2021年入試での一般選抜の入学者の割合が63・1%と今までで一番高かったが、今後は総合型選抜による入学者も増えてくるだろう。それだけ一般選抜の枠が狭まる可能性が高くなり、難化の要因になりそうだ。

近畿大学

「早慶近」――私大トップクラスを自任する近畿大

志願者数で日本一の近畿大学は、かつては中堅私大の雄として「東の日大、西の近大」と称されることを目指していた。ちなみに、日本大学は近畿大学創設者の世耕弘一氏の出身校である。

2002年に完全養殖に成功した「近大マグロ」などで有名になったものの、最近まで「関関同立」などのいわゆる〝ブランド大学群〟には数えられていなかった。

しかし、昨今では、早稲田大学・慶應大学・近畿大学の頭文字をならべた「早慶近」と、全国区で私立大トップブランド大学群を自任している。その根拠の一つは、2022年の「THE世界大学ランキング」で、慶應大学601~800位、近畿大学と早稲田大学は同格の801~1000位で、私立総合大で早慶と共に上位トリオに入っているからだろう。

同ランキングには他にも医療系が主体の私立大が1000位までは名を連ねているが、この1000位以内にMARCHや関関同立の名は見当たらない。ちなみにMARCHと関関同立の9大学に共通しているのは医学部がないことだ。

同ランキングの審査基準は、被引用論文ランキングなど医学部系のある大学が有利になっている。近畿大学のランキング入りは医学部の存在価値を示したと言ってよい。だからといって、近畿大学が総合的なブランド力において関関同立を超えたとまでは言えない。学力偏差値をモノサシにした受験生の評価を見ると、近畿大学は全般的には上昇中ではあるものの、同じ大阪府下の関西大学の一部学部と拮抗している以外は、総じて関関同立レベルには達していないからである。

近畿大学は2022年に情報学部を新設して、15学部となった。同学部も志願倍率が10倍を超えており、いよいよ関西圏屈指の有力私大になろうとしている印象だ。今後は、建学の精神「実学教育」の研究教育の分野で、「近大マグロ」に続く大きな成果を挙げてほしいところだ。

第6章　国公立大学法人化の限界

2004年の国立大学法人化に伴って、国立大の運営費交付金を年ごとに削減したことが大学の研究力低下の主因となり、それが「THE世界大学ランキング」において日本の国立大の順位低下につながっている。その観点から、3000億円もの「大学ファンド」運用益は特定の大学だけでなく、広い範囲の大学の支援に活用すべきだ、という声を聞く。

国立大学法人も曲がり角にあり、「指定国立大学法人」のような国家認定のトップクラスと、地方国立大学との格差が広がりつつある。もちろん、それぞれの国立大学も学校の特色を打ち出し、存在価値を高めようとしている。また公立大学も地方創生や地域医療などそれぞれの使命を抱えて、存在意義を発揮しつつある。

国公立大受験生も自らの将来設計に合わせた大学選びが重要になってきている。共通テストの自己採点による合格可能性ばかりでなく、その大学のプロジェクトや新学部・新学科などの情報を集めて、多様な視点からの、そしてワンランク上の国公立大学選びを進めることが必要だ。

国公立大の格差拡大はなにをもたらすか

10兆円「大学ファンド」の選択と集中路線とは？

政府は世界トップレベルの研究力を目指す大学を支援する「大学ファンド」をスタートさせる。第3章でも触れたが、10兆円規模の公的資金を原資に年間3000億円の運用益を出し、その資金を活用して、選定した大学（以下、国際卓越研究大学）に支援する。計画通りに進めば、2024年度から、国際卓越研究大学1校あたり数百億円規模のファンド運用益を配分することになる。

国際卓越研究大学を選ぶ基準としては、〈1〉国内外の優秀な博士課程の学生を獲得、〈2〉世界トップクラスの研究者が集う研究領域の創出・育成、〈3〉若手研究者が独立して活躍できる場の提供――などが挙げられている。

支援を受けることに決まった大学は、主に学外者らでつくる経営意思決定機関を新たに設ける必要がある。その監督下で、独自に行う企業との共同研究による民間資金の確保や寄付金などによる外部収入などを活用して、年3％の事業成長が求められる。もちろん、選択されれば、その大学にとって、数十億円の資金を自大学の研究活動に使えるメリットは大きい。

半面、「大学ファンド」の設立理念には懸念がないわけではない。このような大学政策における「選択と集中」は、指定国立大学法人などの制度設計にも表れている。これは「世界最高水準の教育研究活動の展開が相当程度見込まれる国立大学を、指定国立大学法人として指定する」ものである。2021年の時点では、東北大学、筑波大学、東京大学、東京医科歯科大学、東京工業大学、一橋大学、東海国立大学機構名古屋大学、京都大学、大阪大学、九州大学の10校である。

「大学ファンド」の国際卓越研究大学には、これら10大学から選ばれる可能性が高い。世界から優秀な博士課程の学生を招集し、世界トップレベルの研究者が集まる研究領域の創出・育成などの条件をクリアできそうなのは、旧帝大系などの有力大学だからだ。朝日新聞のアンケート調査では、東京農工大学と早稲田大学も名乗りをあげているが……。

「大学ファンド」は科学技術振興機構に設置され、財政投融資を主な原資にしている。2022年度中に10兆円の基金の運用を始め、前述のように2024年度からは、その運用益（3000億円予定）を公募で選ばれた数校の国際卓越研究大学に配分する。そして、支援先は段階的に増やしていく計画になっている。

「大学ファンド」10兆円のうち、約9兆円を財政投融資の債券を発行して金融機関から借り入れる。その資金をもとにして、市場運用で3000億円の利益を出す計画のようだ。3000億円を生み出すための運用利率は年利4％強となる。安倍政権時代からの実質ゼロ金利政策のもとで、果たしてその運用利率は達成可能なのか。未達成の場合は、税金で補塡するしかない。

このように、もともと大学の競争的資金の獲得実績がある有力国立大に「大学ファンド」の資金が集中し、その結果、さらに大学間の格差は広がっていく。地方創生の主役と期待される地方国立大にとっては、大学間格差の固定化につながるという懸念が残る。

「打ち出の小槌か」と疑問の声

全国の国公立大と高等専門学校の教職員が加盟する全国大学高専教職員組合は、「大学ファンド」が支援対象を数校に限っていることについて「広い範囲の大学の支援のために活用すべきだ」と懸念を表明している。

支援を受けた大学に事業収入の年間3％増を求める仕組みに対しても、「稼げる研究領域への『選択と集中』を促進してしまう」と批判している。

また、「大学ファンドが『打ち出の小槌』のように高収益を上げると期待するのは、他の基金の運用実績から見ても注意を要する」と警鐘を鳴らしている。また、選定された大学が年3％の事業成長を求められることも「大学や社会にとって重要な研究領域の淘汰を促進する危険性を高める」と指摘した。

その批判を意識してか、政府は「大学ファンド」の支援対象外だが、優れた研究を行っている地方大学などを集中支援する「総合振興パッケージ」も策定している。しかし、規模が小さければ、今までの競争的資金の亜流が生まれるだけだろう。

研究者の集まりでもある大学に年3％の事業収入増を求めるというのも、企業経営者が各事業部に達成目標を押し付けるようなものである。本来の「学問」の意義や地域活性化などを真剣に考えれば、政府は世界でトップクラスの大学を「選択と集中」で生み出す大学政策ではなく、多くの大学における息の長い多様な研究・教育活動をサポートすることが必要であろう。

国立大学の運営で問題続出

学生も関心を持つ大学のトップ選び

2021年9月に刊行された岩波ブックレット『「私物化」される国公立大学』（駒込武・編）が、大学生協書籍部の販売で上位に入り注目された。北海道大学や東京大学ではトップ、大阪大学で2位、東北大学と九州大学は3位にランクインしていた。価格が税抜きで660円と安いので、コスパ好みの大学生も手にしやすかったのだろうが、実名入りで大学の学長などの動きを追った内容に教職員も関心を持ったのであろう。

取り上げられた大学は、掲載順に下関市立大学、京都大学、筑波大学、大分大学、北海道大学、福岡教育大学、東京大学の7大学である。

大学運営が恣意的で非民主的であるとして私物化の動きをレポートしている。ちょうど、旭川医科大学などの前学長の専横的な運営がマスコミに注目を浴びていた時期だ。大学運営を巡る問題は、当事者の個人的資質よりも学長選考など運営体制に問題点が内包されている、という指摘も少なくない。

地方大学で起こっている、こんな象徴的な出来事

下関市立大学は経済学部単科の伝統ある公立大学である。同大で2019年5月末に安倍元首相の秘書であった下関市長が、特別支援教育関連の専攻科を設け、その研究者を招くという提案をした。その意を受けた元副市長であった理事長が、公募や教授会資格審査という手続きを経ずに採用を決定。学内の規定にも反しているというので、学内で反対意見が多く問題化したのである。学の独立にあまり関心のない行政府の長の判断が問題を引き起こすという公立大によくある事例だ。

大分大学は、地方国立大学の学長のあり方を問う典型的なケースである。学長は医学部出身である。医学部は工学部と並んで教員数も多く、教員などの「意向投票」でも票田が大きいので、有利と言われている。大分大学はその意向投票制度も廃止してしまったのだから、ある意味、先駆的である。

同大学では学長による学部長や教員の人事への直接介入や、医学部主体の大学経営という批判も起こっている。大学の責任者も、外部資金の導入など経営的な視点を重視せざるを得ない状況にあり、トップの権限を拡大する大分大学のようなケースは今後も頻発する

だろう。

福岡教育大学は教員養成系の単科大学である。学長などが進める改革案が、小学校の教科担任制の導入の動きに逆行するものとして批判が出ている。現在は教員志望者が少なくなったわりに、少人数クラス編成などで採用人数が多いため、教員の就職は順調で大学当局は強気である。これからは教員の学習指導力が採用試験でも重視され、それだけ国立大学の教員養成系学部の競争力が試される。安易な改革は命取りになる可能性がある。

学長のヘゲモニーを巡る有力大学の論議

東京大学や京都大学、筑波大学や北海道大学もそれぞれ特有な問題を抱えつつも、共通している点は、今まで教職員の投票などで実質的に選ばれた総長や学長が運営に当たっていたのに、法人化以降、教職員投票制度は一つの判断材料にすぎなくなってしまったことだ。その結果、大学トップの資質は民主的運営よりも国からの資金や外部資金の調達など経営的な能力が重視されるようになった。

それに伴ってトップが、大学の教育研究の運営責任者から「経営者」へとシフトしたのだ。

総長や学長は学内の総意を体現する人材よりも、大学の経営効率を高められる人材が選ばれる傾向が強まった。東京大学の総長選考の不透明さが批判されているのは、この傾向が表面化したからであろう。

自由な学風を誇ってきた京都大学も、大らかに研究を追求するだけの余裕がないと大学トップは判断したのか、学内組織の改編に動き出し学内一部の反発を呼んでいる。最近では有名な霊長類研究所が研究資金不正問題を契機に解体され、別組織に改編されるというので注目されている。

国立大学協会会長を兼ねる筑波大学学長は、学長の任期規定を変え、自らの任期延長を図ったと批判が起きているが、まさに法人化以降の学長のリーダーシップによる大学経営というトレンドを体現したものと言えよう。

逆にパワハラ問題を理由として解任された北海道大学の総長は、解任処分取り消しや情報開示に関する訴訟を起こした。日本学術会議の「軍事的安全保障研究に関する声明」を受けて、前総長が国の研究費辞退を決めたことに対する学内の反発ではないか、という見方も出ている。経営的視点から見れば、軍事研究拒否は自ら収入の道を閉ざすことになるからだ。学内からの批判も、単に民主化という視点だけではないところが複雑だ。

新学部増設や定員増の認可で新しい動き

お茶の水女子大学・奈良女子大学で工学系学部新設

政府の「教育未来創造会議」は2022年5月に、①未来を支える人材を育む大学等の機能強化、②新たな時代に対応する学びの支援の充実、③学び直し（リカレント教育）を促進するための環境整備などの課題に関して、取り組むべき具体的方策を取りまとめた。

そのポイントをまとめると、⑴理系分野を専攻する学生の割合を5割程度に引き上げる、⑵理工農系の女子学生には支援を上乗せする、⑶大学生の授業料減免や給付型奨学金を中間層世帯にも拡大する、⑷大学院生に「出世払い」方式の奨学金制度を導入する、などである。続いて出された文部科学大臣のメッセージでは、特に⑴と⑵に関して、「現実の受験生全体の志向を方向付けすることが大切である」と強調している。

こうした理系女子への期待は、第2章で述べた私立女子大の動きにも反映されている。国立大で、この理系女子の育成で注目されるのは、奈良女子大学の2022年にスタートした工学部と、お茶の水女子大の2024年新設予定の共創工学部（仮称）であろう。

注目すべき国公立大の新設学部（2022〜2024年 予定も含む）

【2022年】

		新学部	ワンポイント解説
国立	奈良女子大学	工学部	学科やコース分けはなく、基幹科目と教養科目以外の65単位はすべて自分で選べる「自由履修制度」を採用
公立	川崎市立看護大学	看護学部	3年制短期大学から4年制に移行。2022年入試の試験（前期）の志願倍率が8.0倍と好調

【2023年】（予定も含む）

国立	一橋大学	ソーシャル・データサイエンス学部（仮称）	社会科学に重点を置く。インターフェイス科目にはデータサイエンスと経営・経済・法・社会・言語などの5科目がある
国立	静岡大学	グローバル共創科学部（仮称）	「国際地域創造学」「生命圏循環共生学」「総合人間科学」の3コース
国立	島根大学	材料エネルギー学部（仮称）	詳細は未定
公立	名古屋市立大学	データサイエンス学部	IT系・ビジネス系・医療系。特に医療情報の管理・分析に注目
公立	名桜大学	国際学部	国際学群を再編

【2024年】（予定も含む）

国立	お茶の水女子大学	共創工学部（仮称）	Society5.0に対応した未来の社会を牽引できる工学知を持った女性リーダーの戦略的育成
国立	秋田大学	ICTやデータサイエンス関連の新学部	地域の人々や社会情勢、環境などのさまざまなデータを統計学や、AI（人工知能）で解析し、課題解決や持続的な発展につなげる素養を身につけた人材を育成
公立	周南公立大学	情報科学部	データサイエンスを基本とした学部横断的な教育、情報処理技術者やデータスペシャリストなど、高度IT人材を育成する

著者作成
※2022年7月上旬調査時の情報に基づく。内容については設置時に変更の可能性がある

奈良女子大学では、理系女性教育開発共同機構を設置、2021年度には、理工系への中高生の関心を深めるために中高生が研究発表をする場である「サイエンスコロキウム」や、次世代の理系女性リーダーの育成に向けた「グローバル化推進プロジェクト」などを展開してきた。これらの活動が新学部創設につながったのであろう。

お茶の水女子大では2022年までの7年間で開催してきた「リケジョ未来シンポジウム」で、理系に進学したのちさまざまな場で活躍されている女性の進路選択や仕事の話を聞く場を持った。

地方国立大の23年度の収容定員増は、この3大学

文科省は、2020年から始まった国立大学法人の戦略的経営実現に向けた検討会議において、「国立大学の学生定員管理の柔軟化について」というテーマを取り上げた。今まで18歳人口の減少を背景に増員を認めてこなかった国立大学の収容定員の総数についてどう考えるか、また国立大学の収容定員の総数を増加させることとした場合、どのような条件を付すべきか、という内容である。

論点は、①スクラップ・アンド・ビルドではなく、あえて収容定員の増加が必要である

か、②公私立大学との役割分担をどのように考えて国立大学の収容定員を考えるか、③オンライン化が進む中、教育環境の水準を定める基準となる収容定員の定義をどうとらえるか、などとなっている。

また留学生、社会人学生など収容定員の「枠外」として認めるべき政策的な配慮、人材育成・研究の緊急度が高い領域・分野ではどう考えるか、収容定員の増加を認める大学が備えるべき要件はなにか、地域の限定をかけるべきか、収容定員の増加を認める期間はどのように設定すべきか、などが、今後検討すべき具体的な課題になる。

もちろん背景としては、運営費交付金の頭打ちで財政的に厳しい地方国立大が定員増となり学生納付金で増収を図りたいという事情もあるだろう。

2023年度は、西日本の3大学で定員増が認められた。

島根大学はエネルギー問題と計算機科学の相乗効果をねらった材料エネルギー学部（仮称）を入学定員80人で新設する。広島大学は情報科学部に知能科学プログラムをつくり、データサイエンスなどの産業DX人材を育成する（定員増70人）。徳島大学は、青色発光ダイオード（LED）など光関連と医学による医療機器開発人材などを育成するため、理工学部の定員増30人とした。ただし、増加する定員には、学内の他の学科などの定員減を伴うことがある。2022年以降にも定員増が認められる国立大学があるだろう。

「アンブレラ方式」の成果が問われるとき

小樽商科大学、帯広畜産大学、北見工業大学が経営統合した「北海道国立大学機構」が2022年春にスタートした。

小樽商科大学の商学、帯広畜産大学の農畜産、北見工業大学の工学という異業種統合だ。ただ道内といっても、小樽、帯広、北見と、キャンパス間の距離は相当ある。この教育・研究分野や遠距離というバリアを、すでに始まっているオンライン共同授業や異分野でのオンライン共同研究などによってどう乗り越えていくか、その成果が問われている。まさに傘の下に複数の大学が集まるアンブレラ方式の試金石となろう。

すでに東海国立大学機構として経営統合した名古屋大学・岐阜大学は、工学部と医学部は完全にダブり、名古屋大学農学部と岐阜大学応用生物科学部は別名称ながら教育研究分野はダブるところが多い。ただ岐阜大学には、鳥取大学との共同獣医学科がある。これらを勘案すると、アンブレラ方式なら、両大学の学部学科や授業や学生指導などについては、原則としてそのまま残すことができる。ただし語学や情報ＩＴなど教養課程で共通する教育分野については、リモート授業などを活用して高度化を進めていく。現在進行中でマスコミでも注目されている。名古屋大学がアンブレラ方式に一歩踏み出した背景には、今回、国立大学のリーダー的存在として指定国立大学法人に選ばれるために、という判断があったようだ。

アンブレラ方式の大きな機構変革の利点は、いわゆる管理部門の共通化による経営の合理化に伴うものである。財務、法務、総務など管理部門は国立大学法人化によって、各大学とも拡充されている。特に最近は科研費だけでなく、運営費等交付金でも競争的資金の割合が高まり、その審査申請事務も膨大になっている。手抜きをすれば、研究資金は勝ち取れない。研究者である教員だけでなく、管理部門にも大きな負担になっている。その管理部門の共通化で、教員や職員の労力や時間のコストも軽減できる。それを本来の教育研究活動に回せれば、メリットは大きい。

奈良女子大学と奈良教育大学のアンブレラ方式では、奈良女子大学が2022年4月に、国立女子大初の工学部を設置、工学系女子育成の先鞭をつけた。その積極性が目立つ。

一方、静岡大学と浜松医科大学の経営統合はまだ実現していない。静岡大学工学部と情報学部のある浜松キャンパスは医工連携や医療系データサイエンスなどメリットがあるものの、旧制静岡高校を受け継ぐ静岡キャンパスの教員には、統合による直接メリットが十分に感じられず、とりあえず延期となったようだ。ただ2023年に静岡キャンパスにも新学部のグローバル共創科学部が創設される予定になっている。

どうなるマンモス大阪公立大の未来

大阪府立大学と大阪市立大学の統合で、スケールで国公立大全国ナンバー3、公立大ではナンバーワンとなった大阪公立大学の登場は、東日本などでも関心の高いビッグニュースとなった。1法人2大学のアンブレラ方式でなく、2大学の教育研究組織の完全統合へと進む。メインキャンパスは大阪城横の森ノ宮に建設され、都心回帰の狙いがあると思われる。「日本維新の会」の大阪都構想にイメージがマッチする大阪公立大の影響は大きい。

大阪市大は、「旧三商大」と言われた商学部と、付属病院と連携する医学部が知られている。伝統があり、「THE世界大学ランキング」でも大阪府大より高位置だ。

一方、大阪府大は2005年に旧大阪府立大学、大阪女子大学、大阪府立看護大学の3大学を統合して生まれた。ただ、その前は、工学部・農学部・教育学部を擁する浪速大学から1955年に大阪府立大学へと名称変更した経緯がある。そのため、看板学部は工学域（2012年に学域制）と生命環境科学域の獣医学類と言われる。特に獣医学関係は関西には大阪府大にしかなく、北の北海道大学と西の大阪府大と並び称される。ただ、大自然をバックにした北の大地と大都会の獣医では、受験生に与える印象は違うようだ。

大阪府大、大阪市大ともに大幅な人件費削減と学部の再編統合を進めてきたが、自ずから限界がある。そこで両大学が統合すれば、学部・教育のスケールメリットが生まれ、旧帝大系に迫るレベルになる。教員数や学生数では、公立大ではダントツの1位。医学部のない東京都立大に差をつけることができる、というわけだ。ただ、石原慎太郎元東京都知事が改組設立した首都大学東京のように、政治家に振り回されるのが公立大学の宿命である。大阪市大も抗することができなかったのではないか、という見方もある。ちなみに、首都大学東京は2020年4月から旧名称の東京都立大学に戻っている。

2022年6月17日、大阪大学と大阪公立大学は、大阪の成長・発展の基盤となる人材育成・研究推進等で連携することを目指し、「包括連携協定」を締結した。大阪公立大学ホームページでは「大阪にある全国屈指の学生規模を誇る2つの大学が、大阪の発展に向けて締結したこの度の連携協定。両大学の研究者や学生による大学の枠を超えた活動を促進し、その成果を大阪だけでなく世界へと発信していく所存です」と発信している。今後、

「大阪・関西万博」との関係でも大きな注目を浴びるであろう。

秋田県立大と国際教養大はライバル関係？

秋田は他の県に比べて公立大が多い。1999年に秋田県立大学、2004年に国際教養大学、2013年に秋田公立美術大学が生まれた。国立ではすでに秋田大学がある。

文部科学省の令和元年度都道府県大学進学率の動向を見ると、秋田県は進学率39・1％で、東北では平均的である。注目すべきは、県内の大学入学者の国立・公立・私立の割合で、秋田は公立が33％で全国2位と高い。

ちなみに、県内の公立大の入学者ゼロ、すなわち公立大のない県は、栃木県、徳島県、佐賀県、鹿児島県である。首都圏は横浜市立大学がある神奈川県を除いて、埼玉県、千葉県、東京都は公立大入学者の割合がかなり低い。それに比べ、秋田県には、対照的な有力公立大が2校がある。いま紹介した秋田県立大学と国際教養大学である。

秋田県立大には、システム科学技術学部と生物資源科学部がある。秋田大学の伝統ある国際資源学部は鉱物資源が主力なのに対し、秋田県立大の生物資源科学部は農業系で、地元の要望に応える。秋田県立大の2022年の入学者を見ると、学校推薦型で県内が74人

（全入学者83人のうち）を占め、一般選抜の55人（同298人のうち）と比べ、地元受験生は推薦での枠を活用しているようだ。ただ全入学者の62％は県外出身者である。

国際教養大学はどうか。地元率は総数841人の16％弱にすぎない。1年生は全員寮生活で、2〜3年生の間に全員1年間留学するので、地元かどうかはあまり関係ない。国際教養大のグローバルな校風こそが、全国から受験生が集まる魅力なのだ。

国際教養大は「英語を学ぶ」のではなく、「英語で学ぶ」大学として有名だ。例えば、ドイツ人教師が英語で哲学を教える。日本語だとなんとなくわかったつもりになることもあるが、英語だとそうはいかない。当然、入学直後から、徹底的に英語集中プログラム（EAP＝English for Academic Purposes program）を課し、語学力をつけていく。24時間開いている大学図書館も、英語授業でプレゼンを要求されることもある学生にとって、自学自習の良き場となっている。

学生数に比して留学提携先の大学数が多い。2022年で留学提携校は51カ国200大学に達している。相手校の学生との交換留学方式なので、学費は本学に納める授業料だけで済む。また、全体の90％弱が寮生活である。家賃は光熱費とインターネット使用料を含めて、シングル室で5万円弱、二人用の部屋で3万円弱だ。

国公立大学、学部系統別志願状況(2015年度と21年度)

	2015		2021	
	募集人員	志願者数	募集人員	志願者数
人文・社会	19,995	81,127	18,282	69,291
理工	32,244	130,089	31,340	119,738
農・水産	5,390	22,544	5,448	19,357
医・歯	7,471	40,923	7,022	31,601
薬・看護	1,105	5,333	1,071	4,555
教員養成	11,756	48,092	9,377	33,698
その他	2,985	16,884	4,377	17,691
合計	80,946	344,992	76,917	295,931

出典:文部科学省、国立大学協会事務局

国立大入試の現状を踏まえて現役合格を狙う

意外と減った医・歯系の志願倍率

2022年3月末に発行された国立大学協会の「2021年国立大学法人基礎資料集」に「入試」に関する項目がある。年次別のデータが図表化されているので、大まかな傾向を読み取ることができる。

印象的なのは国公立大の医学部だ。新聞やネットの広告で、今や入学実績の売り物になっている国立大医学部であるが、その医療系の志願動向では意外にも減っている(上の表参照)。

2022年度は全体の数字が出ているが、前年比で、国立大学の志願倍率は3・8倍から4・0倍に上昇している。

急増した総合型選抜、減った一般選抜後期日程

前述の国立大学協会の「基礎資料集」から国立大学の入試の現状と変化を見てみよう。選抜方式は、前期日程・後期日程・総合型選抜（旧AO入試）・学校推薦型選抜（旧推薦入試）・その他、の項目に分かれている。2020年度から、大学受験におけるAO入試は総合型選抜、推薦入試は学校推薦型選抜に変わった。以前は、推薦入試といえば、入学者の比率では私立大が圧倒的に多い印象があったが、近年は着実に国公立大でも増加している。

入試日程の繰り下げで、国公立大志望者の受験プランに影響が及んだ。総合型選抜は、出願開始が、8月から9月15日以降に、合格発表が11月以降となった。学校推薦型選抜は出願開始が11月1日で変更なしだが、合格発表が11月以降から12月以降となった。

この合格発表の繰り下げの影響で、受験プランの立て方が変わってくる。例えば、1月中旬の共通テストから始まる一般選抜との併願ケースである。国立大の総合型選抜や学校推薦型選抜にチャレンジして失敗しても一般選抜で挽回、という作戦が日程的に厳しくなったのだ。

次に選抜方式別の募集人員の変化を見てみよう。

2014年→2022年の8年間で人数と前年比が、①前期日程（6万5037人→6万3453人、97・6％）。②後期日程（1万5932人→1万2946人、81・3％）。③総合型選抜（2769人→6291人、227・2％）。④学校推薦型選抜（1万1959人→1万1901人、99・5％）。その他（573→310人、54・1％）となっている。

②後期日程の募集人員の減少分（2986人減）が、③総合型選抜の増加分（3522人で倍増）と相関関係にあると考えられる。

一般選抜の後期日程を取りやめた東京大学、京都大学、大阪大学などの数字は当然反映されているのだろう。その分が、京都大学の一部の学部や大阪大学の総合型選抜などを採用した動きとつながっている。

この8年間で、全国の国立大学の募集人員は98・5％と微減、学校推薦型選抜も同程度の99・5％なので、いずれも横ばい状態と言えるであろう。最近は、東大推薦入学がニュースになるので増えている印象だが、全体的な数字ではそうでもない。学校推薦という条件付きより、総合型選抜のほうが大学にとって選考しやすいということもあるのかもしれない。

2022年には、全国の国立大学（86校）の約74％にあたる64大学が総合型選抜を採用している。公立大学（98校）での採用率は低く、約39％の38大学である。これは、一部の学部でも総合型選抜を実施すれば採用校としてカウントされるので、募集人員の実数で見るとそう多くはないが、総合型選抜による入試方式の学部・学科が増加傾向にあることは確かだ。

東北大学のAO入試（総合型選抜）の入学者は630人超え

この8年で倍増した国立大学の総合型選抜に関して、特に注目されているのが、東北大学である。入学者数が631人（2022年）と多い。

まさに国立大学における「AO入試のパイオニア」である。「東北大学の総合型選抜では、他大学との併願はできない」という方針も、本来AO入試では、手間と時間をかけて、本当に強い志望動機とそれに見合う学生を選抜するのであるから、当然のように思える。しかし、国立大ゆえの公平性から疑問の声も予想されるなか、併願不可という方針を堅持していることに、東北大の強い意欲が感じられる。

大学側も、「総合型選抜の入学者の意欲と熱意を評価する」という。東北大など難関校の一般選抜入学者は合格した時点で達成感があるが、総合型（ＡＯ）選抜の入学者は、入学時に「さあやるぞ」と意気込むと、その違いを指摘する。

応募者・合格者とも地元の宮城県を中心に、東北地方の進学高出身者が多く、もともと東北大学を第１志望とする地元受験生が多かったのではないかと推測できる。

話題の東京大学と古参の筑波大学の、学校推薦

学校推薦型選抜（旧推薦入試）は、総合型選抜に先行して、２０１０年代に入ってから普及した。その結果、２０２２年には国立大学77大学、公立大学では93大学が学校推薦型選抜を採用している。公立大学は、地方公共団体が設置・管理するという性格から、法人化されても地元の高校を優先する学校推薦型選抜も少なくない。

東京大学の学校推薦型選抜は全国の高校が対象であり、合格者も女性や地方出身者が比較的多く、新聞社系週刊誌などのマスコミに取り上げられやすい。東大が初めて推薦入試を導入した年に、ある東北地方のローカル紙が、地元の高校生が東大の推薦入試に合格して地元が祝賀ムードにわいている、と報じたこともある。

東大は２０２１年から推薦枠の人数を各高校２人から合計４人までに増やした。ただし、

男女各3人までで、男女別学の学校の場合は3人となる。男あるいは女だけで4名、という選択はできない。共通テストを課しており、学力は担保している。

筑波大は昔から国立大学の中では推薦入試の枠が大きいことで知られていた古参組であるが、2023年度の学校推薦型選抜の募集人員は537人で、その比率は募集人員全体（2065人）の4分の1を超えている。

ただ全体的に言えば、国立大学の募集人員では、一般選抜が前期・後期を合わせて7万6399人であるのに対して、学校推薦型・総合型選抜は1万8192人と4分の1にも満たない。まだまだ一般選抜は、国立大学入試のメインターゲットである。

第7章　「地域枠」戦略と医療系学部の将来

医学部人気が過熱化しているが、そろそろピークアウトの兆しが見えてきた印象である。「THE世界大学ランキング」では、確かに医学部のある大学が日本の上位を独占している。指定国立大学法人に東京医科歯科大学が指定されたのも、やはり医科系重視の表れだろう。

医学部入試でも、地域医療に従事する医師の養成を主目的とする「地域枠」の設定が本格化し、制度の整備が進められる。また、2021年に女子受験生の医学科合格率が男子を上回るなど、変化の兆しがある。東大理Ⅲを頂点に国公立大医学部の合格者数を前面に押し出してセールストークにつなげる塾や予備校のフィーバー現象ではなく、本来の役割である「地域医療の担い手をどう送り出すか」などの評価が重視される可能性がある。

また、医療職の薬剤師は供給過剰が予想され、看護師は人手不足と明暗が分かれている。

医学部医学科

医学部進学は高コストに見合うか

国公立大学医学部の学力偏差値は、おおむね60台後半から70台だろう。平均的には、超難関校の東京大学や京都大学の医学部以外の学部に合格する学力レベルが要求される。また、私立大学医学部に進学する学生の授業料等の学費は、総額で3000万〜4000万円と言われている。これは都市近郊で土地付き一戸建て住宅を購入できそうな水準である。上記に加えて、国公立大学医学部でも、進学塾や予備校などの受験コスト、私立大学ではその上、時に寄付金なども必要となる。医学部は、他学部に進学するよりも数倍の教育コストがかかるのだ。

しかし、予備校などの受験コスト＋教育コスト（医学部6年間の学費など）も、国公立大学医学部なら、医師になってから数年間で〝元が取れる〟と言われている。例えば、東京近郊の税務署管内で30代の1000万円以上の個人高額所得者といえば、多くは医師であるという。

私立大学医学部の学生は開業医の家庭出身者も少なくない。高齢化で地域の患者も増えているので、平均的な医院経営で40歳頃までには、医学部卒業までの総投資コストを回収できるという話も聞く。

今まで財務省と厚生労働省、文部科学省とが連携して、総医療費の抑制を図ってきた。また、日本医師会からの圧力などで、医師の養成数を抑えてきた。医学部の入学定員は「医師余り」の状態になるのを避けるなどとして閣議決定で7625人までに抑制したあと、医師不足が深刻化した地域への対応などとして、2008年からやや定員増を進めてきた。

さらに新型コロナウイルス関連の医療ひっ迫によって、従来の医師の養成方針が、単なる総量抑制から地域によっては人数を増やす可能性が高まった。国家財政的な理由から、全国の保健所の数を1989年の848カ所から2020年には468カ所へと減らしてきた。その結果、コロナ禍対策で人員不足が露呈し、批判を浴びている。

今後は財政的な視点だけではなく、必要に応じて医療体制の拡充にも取り組んで、医師などの増員も検討されるであろう。

制度として恒久化される「地域枠」をどう活用するか

文部科学省は２０２２年度の国公私立大学の医学部定員に関連して、「地域枠」を前年度より20人ほど上回る66大学９０８人に広げた。

「地域枠」は、自治体や大学によって詳細が異なるが、卒業後に一定期間（初期臨床研修を含む9年間）、地域医療機関への従事義務を全うすることで、奨学金の返還義務が免除されるものがある。中には、６年間にわたり月額10万〜30万円貸与されるので、国公立大であれば、仕送りなしで卒業できる可能性がある。

医学部入試で大きな変革となるのが、今までは臨時の扱いだったこの「地域枠」の恒久化と制度整備である。

新潟県では地域枠について、２０２２年度は7大学53人という方針を明らかにした。２０２１年度の４大学33人から大幅に増える。従来の新潟大学と昭和大学などに加えて、東邦大学、東京医科大学、杏林大学の医学部に対しても地域枠を設けたのだ。新潟県では、地域枠の学生に対して修学資金として1人につき月額15万〜約50万円を貸与している。条件としては卒業後、県内の指定された病院で9年間勤務すること。この義務を果たせば、医学部在籍期間6年合計で1080万〜3700万円ほどの貸与額の返済が免除される制度である。

また一部の国立大学では、前期試験の地域枠の多くは併願できるため、地域枠重視の方針のところも少なくなかった。例えば、鳥取大学の前期日程では地域枠で不合格の場合、一般枠として選抜対象となる。弘前大学の「青森県定着枠」でも、不合格者を一般枠に組み入れることを表明している。地元医療機関への勤務を希望する受験生ならば、奨学金対象とならない一般枠にまで、合否判定の対象を広げようとしているのだ。

地域枠の制度整備がもっと進められる

今までは、地域枠で入学しながら、地元に就職しないケースも多く、「優遇措置は不当だ！」という批判の声もあった。学部長や病院長の全国組織によるデータを見ると、地元定着率が一番高いのは、「当該県の地域枠・当該県出身者・当該県の大学の地元出身者」である。その率は実に90％を超えている。一番低いのは、「地域枠以外（一般枠）・当該県出身・他県の大学卒業生」である。こちらは40％を切っている。このように地元の大学出身という要素は地元定着に大きく寄与しているのだ。

今回の地域枠恒久化では、県外出身者を応募資格対象に含めるか、入試方法を一般選抜と分けるか、志願時点で従事や離脱の条件について本人と保護者の同意書を取り付けるか、などがポイントとなりそうだ。今後は、広島大学医学部医学科の「ふるさと枠」のように、共通テスト必須の医学部地域枠優先の学校推薦型選抜などを採用する大学が増える可能性がある。

国立大は医学部も含めて授業料の標準額は年53万5800円だが、20％までなら大学の判断で増額できる。医学部のみ増額という可能性もないではない。

もちろん自宅外通学なら他に家賃などの仕送りの負担がかかる。全国大学生活協同組合連合会の第57回学生生活実態調査（2021年実施）によれば、一人暮らしの学生への平均仕送り額は月額7万1880円だ。ただ地域枠なら、新潟県のように、関連自治体から条件付きの奨学金が出る。

首都圏の私立大学医学部を除いて全国26の医学部学生自治会が参加した医学連の地域枠アンケート（2020年実施）の調査結果では、地域枠入学者の約半数が「入学前に適切な説明がなされていなかった」と答えている。これでは、受験生が不安になるのは無理もない。

今後は入学者と地方自治体と各大学医学部の三者の同意を必須とするなど、契約時の説明責任のルールを明確化する方向になっている。奨学金に関しても、地方自治体と各大学医学部との地域枠に関する総合的な協定になるが、受験生が懸念する「全額を返済した場合の義務免除」をどうするかなど、地域枠共通の確認事項とすべきであろう。

医学科の女子合格率が男子を上回った！

２０２２年春に公表された２０２１年度の医学科男女別調査（文部科学省）の結果は興味深い。全国の医学部医学科の入学者選抜において、女性の合格率が13・60％と男性の13・51％を上回っていたからだ。率ではなく、合格者実数の男女比は８４２１人対５８８０人であるが、実数でも女子が男子と並ぶ日はそんなに遠くはないだろう。

左の表を見ると、地方国立大学の医学部医学科も西日本では女性の合格者のほうが多い大学が目立つ。佐賀大学（男47人／女58人）、宮崎大学（男52人／女58人）、琉球大学（男59人／女60人）といった具合である。ほぼ拮抗しているのが、長崎大学（男64人／女60人）である。

一方、公立大学では女子の合格者の割合が多い大学は皆無だ。私立大で女子合格者の多

医学部(医学科)の男女別合格率(2021年度)
〈女性の合格率が高い順に30校〉

大学名	男性受験者数	女性受験者数	男性合格者数	女性合格者数	男性合格率	女性合格率	学部全体合格率
大分大学	140	79	63	39	45.00%	49.37%	46.58%
金沢大学	180	63	87	29	48.33%	46.03%	47.74%
徳島大学	148	117	62	52	41.89%	44.44%	43.02%
横浜市立大学	130	101	54	44	41.54%	43.56%	42.42%
和歌山県立医科大学	154	95	61	41	39.61%	43.16%	40.96%
九州大学	201	61	86	26	42.79%	42.62%	42.75%
札幌医科大学	189	110	66	44	34.92%	40.00%	36.79%
神戸大学	186	89	77	35	41.40%	39.33%	40.73%
大阪市立大学	158	103	57	39	36.08%	37.86%	36.78%
北海道大学	234	87	70	32	29.91%	36.78%	31.78%
京都府立医科大学	179	88	75	32	41.90%	36.36%	40.07%
名古屋市立大学	183	101	64	36	34.97%	35.64%	35.21%
千葉大学	241	118	86	42	35.68%	35.59%	35.65%
鹿児島大学	184	135	62	48	33.70%	35.56%	34.48%
弘前大学	180	121	74	43	41.11%	35.54%	38.87%
長崎大学	248	170	64	60	25.81%	35.29%	29.67%
群馬大学	176	134	66	47	37.50%	35.07%	36.45%
三重大学	253	151	76	52	30.04%	34.44%	31.68%
福井大学	196	137	67	47	34.18%	34.31%	34.23%
佐賀大学	171	171	47	58	27.49%	33.92%	30.70%
名古屋大学	254	107	76	36	29.92%	33.64%	31.02%
熊本大学	223	128	69	43	30.94%	33.59%	31.91%
秋田大学	223	157	77	52	34.53%	33.12%	33.95%
京都大学	225	76	84	25	37.33%	32.89%	36.21%
信州大学	234	156	75	51	32.05%	32.69%	32.31%
宮崎大学	208	187	52	58	25.00%	31.02%	27.85%
山形大学	200	168	64	52	32.00%	30.95%	31.52%
琉球大学	207	201	59	60	28.50%	29.85%	29.17%
香川大学	241	155	65	45	26.97%	29.03%	27.78%
岡山大学	240	142	68	41	28.33%	28.87%	28.53%

出典：文部科学省医学教育課
※調査に対して各大学から回答のあった各選抜区分における数値を文部科学省において取りまとめたもの(編入学は除く)。※北海道大学は、総合入試入学者のうち5名が2年次進級時に医学科へ移行する

い大学は、日本医科大（男111人／女120人）、聖マリアンナ医大（男116人／女170人）くらいである。

合格率（合格者／受験者）で見ると、女子の合格率が40％を超えているのは、国立大学で大分大学、金沢大学、徳島大学、九州大学である。公立大学では、横浜市立大学、和歌山県立医科大学、札幌医科大学となっている。

私立大学では、合格率30％を上回る大学はない。併願が多く、志願倍率が高いことが一因であろう。比較的高いのは北里大学（24・5％）くらいである。

文部科学省が男女別の医学科入試統計を公表しているのは、2018年8月からなので、あまり正確に昔と比較はできないが、主に九州圏の国立大学医学部医学科において、男女逆転例が出ている。先に示した結果は好ましい現象と言えるだろう。

一部の私立大医学部で問題になった男子優先の入学者選抜のイメージを払拭する公正な入試が行われているという証左になるだけではない。医学生が向き合うべき病気はジェンダーレスが当たり前で、医師も半数程度が女性であるべきなのは人口構成比からも誰が見ても自然である。

女子中高生は、定期健康診断をする校医に女性医師を希望する傾向があると言われている。こうした視点も踏まえて医学部を見ると、医学生の男女構成比が50%ラインになることが望ましい。

学校や地域を限定した奨学金制度もある地域枠が恒久化される地方の国立大学で、女子医学生が増えることは地域医療にとっても間違いなくプラスになる。

期待される女子医学生

医師という仕事の社会的意義を医療現場で実感できる経験は貴重だ。多くの高校生・受験生にとっては、医学部で学ぶ大きな魅力になるはずだ。

東京大学の理Ⅲ（医学科系）の2022年高校別合格者数で、女子進学高の桜蔭高卒業生がトップに立ったことが話題になった。今までの男子トップ校における「医学部進学ゲーム」の熱気が薄らいでいるという説もある。

今は医学部で決められたカリキュラムで学ぶより、大学発ベンチャーなどの別の道を希望する東大受験生が少なくない。例えば、AIを使って面白く働けて、株式が上場でもすればキャピタルゲインが期待できる道を選択するという東大生もいると聞く。「面白そうな仕事で、リスクもあるがお金もそこそこ入りそう」という仕事志向の人が、医学部医学科以外の進学先を選ぶことは、学生本人にとっても、われわれ患者にとってもありがたい。医療現場で、ハイリスク・ハイリターンの選択をされたら、患者はたまったものではない。医師の社会的役割に自覚を持つような女子受験生の合格率が高くなり、本来のジェンダーバランスが保たれるのなら、歓迎すべきことである。

薬学部

薬剤師過剰予測と「点分業」の現状

厚生労働省の「薬剤師の需給推計」によると、2020年から2030年頃までは薬剤師の供給と、薬局や医療機関の業務の需要は同程度に推移する。だが、2045年には薬剤師が43・2万〜45・8万人に対し、需要(業務量)は33・2万〜40・8万人となる。条件設定によって数字の差はあるが、明らかに薬剤師の数が需要に比べ過剰という予測になっている。

医薬分業が厳しく要求される現在、多くの患者は病院の近くに位置する複数の「門前薬局」から適当に一個所を選んで、薬の処方箋を持っていく。処方する病院と調剤薬局が点と点で結ばれているので、「点分業」と呼ばれる。

しかし、現状の医薬分業は、チーム医療との関係では問題ないのだろうか。

薬についての専門家である薬剤師が、チーム医療に実質的に関与できない現状は、実態に見合っていない懸念があるからだ。薬剤師は、単なる薬局の販売員ではない。医薬品に関する専門家である。その患者の状態に最適な医薬品をセレクトすることで、使命を果たせる専門職であることを忘れてはならない。

中退率の高い学部も増加している

文部科学省は、近年、薬学部における修学状況などについて調査を行っており、2021年度に初めて各大学の退学率を公表した。

驚くべきことに、退学率が50%を超える大学もあったことが判明した。同調査結果からは、退学率が高い大学は、結果的に国家試験の合格率が低い傾向が読み取れる。

2021年の薬剤師国家試験の合格者は9634人（合格率68・7%）となっている。男子の合格率は63・9%、女子は71・6%で男子よりも高い。薬学部が6年制であることを考えると、合格率が6割を切る大学は進学するリスクが大きいと言わざるを得ない。退学率が他の学部より高い傾向もうなずける。

薬学部は、2002年の46大学から20年余りで77校にまで増えている。2000年代に入って、大学設置基準の規制緩和、女子の大学進学率の上昇などが主因だろう。2024年には順天堂大学に薬学部が新設される予定だ。ただ、2025年以降は、薬学部の新設や定員増は認められないことになった。

一方で、現在でも定員割れの薬学部も少なくない。地方私大の置かれた状況ともイメージがオーバーラップする。国公立大や、医学部のある私立大学ならば、志願者を集められるだろうが、そうでないと厳しい。かと言って、地域偏在を考えると自然淘汰に任せるわけにはいかない。

しっかりした薬事行政と薬学部の将来を見据えての方針づくりが望まれる。

看護学部

私立大の看護学部は激増しているが……

確実に志願者を集められる看護養成課程は、私立大での新増設が目につく（次頁の表参照）。

看護師養成課程で各種学校での入学定員がゼロになった1997年を起点に、文部科学省の「看護師・准看護師養成施設・入学定員年次別推移」によると、97年当時は、全体で209校（国立43校、公立67校、私立99校）だった。しかし、2020年には398校（国立42校、公立77校、私立279校）と2倍近くに増加している。

入学定員で見ると、1万3423人から3万1652人と倍以上である。国立大は2948人から2923人とほぼ横ばいである。公立大は4165人から5222人と増加、私立大は6310人から2万3507人と激増し、3・7倍の伸びを示して国公立大を圧倒している。これが現状だ。

このように私立大を中心に看護師養成課程が増加しているにもかかわらず、厚生労働省は、「看護師や准看護師などの看護職員は2025年に6万～27万人不足する」と試算している。

看護学部新設状況（2021～24年 予定も含む）

【2021年】

	学校名	学部	学科	所在地
私立	松本看護大学	看護学部	看護学科	長野県松本市
		（松本短期大学看護学科が4年制大学に移行）		
私立	大阪医科薬科大学	看護学部	看護学科	大阪府高槻市
		（大阪医科大学と大阪薬科大学が統合）		
私立	医療創生大学	国際看護学部	看護学科	千葉県柏市
私立	東都大学	沼津ヒューマンケア学部	看護学科	静岡県沼津市
私立	福岡国際医療福祉大学	看護学部	看護学科	福岡県福岡市

【2022年】

私立	金城学院大学	看護学部	看護学科	愛知県名古屋市
公立	川崎市立看護大学	看護学部	看護学科	神奈川県川崎市
		（川崎市立看護短期大学が4年制の大学に移行）		
私立	宝塚医療大学	和歌山保健医療学部	看護学科	和歌山県和歌山市
公立	大阪公立大学	看護学部	看護学科	大阪府大阪市
		（大阪府立大学と大阪市立大学が統合）		
私立	大阪信愛学院大学	看護学部	看護学科	大阪府大阪市
		（大阪信愛学院短期大学が4年制の大学に移行）		
私立	令和健康科学大学	看護学部	看護学科	福岡県福岡市
私立	兵庫医科大学	看護学部	看護学科	兵庫県神戸市
		（兵庫医療大学と兵庫医科大学を統合し、看護学部などを新設）		

【2023年】（予定）

私立	新潟薬科大学	看護学部	看護学科	新潟県新潟市
私立	鹿児島国際大学	看護学部	看護学科	鹿児島県鹿児島市
私立	天理大学	医療学部	看護学科	奈良県天理市
		（天理大学と天理医療大学を統合し、医療学部を新設）		
私立	大阪成蹊大学	看護学部	看護学科	大阪府大阪市

【2024年】（予定）

私立	大阪歯科大学	看護医療学部	看護学科	大阪府枚方市
公立	周南公立大学	人間健康学部	看護学科	山口県周南市
		（徳山大学が公立化して看護学科を新設予定）		

著者作成

※2022年4月上旬時点で、各大学のサイトなどをもとに調査。2023～2024年の学部、学科名は仮称で、看護学科に関するもののみ記載

看護師のワーク・ライフ・バランス（WLB）の改善を考えると、実質的な不足数はさらに増大すると言われている。勤務環境が現状に近いままだと仮定しても、高齢者の急増が予想される都市部では看護師が大幅に不足する可能性がある。

例えば、神奈川県は2020年末で、看護師の不足数は3万2000人で、必要数に対する供給率73％と供給率は全国で最も低い。大阪府は不足数3万7000人で供給率75％、東京都では不足数は4万2000人、供給率は77％だった。

地域で高齢者対応のできる看護師を養成

現在、看護師は、病院における医療行為だけでなく、地域包括ケアシステムの推進者としての役割も求められている。しかし、それを担える水準の看護師の養成は、看護師養成課程でも重い課題になっている。

右頁の表にもある、新設の川崎市立看護大学の坂元昇学長は、「看護師が地域に出て活躍するのは、かなりハードルが高いと思われている」と認識し、「介護保険など制度のことや日々の困りごとなど、幅広い分野の相談に対応できるスキルが必要なこともあり、地域に出ていくことをためらう看護師が多い」という現状を指摘している。同大学が地域の実習に力を入れているのはそのためだという。

看護実習は能力だけでなく適性も再認識できる機会になる。昨今では、夫婦とその未婚の子どものみで構成される核家族化が進み、中高生など若い世代が、日常的に高齢者と交流する機会が減っている。そのため高齢者世帯への訪問看護などは、どうしてもベテラン看護職員が多くなるようだ。

その一方で、介護保険が定着し、在宅医療を希望するケースも増えている。看護師も病院や医院など、医療現場だけでなく、医療福祉の専門家として、さまざまな役割を期待されるようになっている。

大学によっては、看護学部生の中退率が高いケースもある。中退は、教室の授業（学習面）での挫折よりも、看護実習の場面で指導教官との相性が合わないとか、学生本人の適性や性格に問題がある、といった実例も少なくないようだ。今後は、現場での実習を中心にした標準的なカリキュラムと評価法を看護学科間で共有する必要があるだろう。

あとがき

大学選びのポイントは、その大学の希望学部に進学し、満足できる大学生活を送れるかどうかにある。それには、進学した先、将来へのキャリアプランが不可欠だ。はっきりとしたプランがないと、入試のメインルートになりつつある学校推薦型選抜や総合型選抜に提出する志望理由書や自己アピール書を作成しようにも、コアとなる訴求力に欠けてしまう。

最近の大学生の就職活動でキーワードになっているのが、「ガクチカ」という言葉だ。「学生時代に力をいれたこと」で、略して学（ガク）・力（チカ）である。就活では自己のセールスポイントになるガクチカは、本来、大学生ならば学業（研究やゼミの活動）が主体になるべきで、その場を多様に提供できることが、大学の教育力であろう。本書で、学際系学部を重視し、大学発ベンチャーなどのデータを積極的に取り上げたのは、その種の提供力を見るためである。入学した大学生も将来の生きがいを求めて、勝ち取ったワンランク上の環境の中で情熱を注いでほしい。

ただ、キャリアプランを考える時に忘れてならないのは、社会の変化である。今の高校生が社会に出る5～6年後には、日本の雇用はゆるやかに「ジョブ型」に移行していると予想される。

日本の大企業の雇用は、今までは学校卒業時に職種を限定せずにその企業に入社する「就社」がスタンダードだった。ひとたび企業に入ってしまえば、あまり希望職種にかかわりなく職場に配属され、キャリアアップに努めていく。そして、有名企業の正社員が社会的ステータスであった。

ところがジョブ型雇用社会では、企業が社員を雇用するとき、あらかじめ職務を定めていく職種型雇用が一般的となる。今でも中途採用はほとんどがその流れになっている。そうなれば、被雇用者のジョブに係る遂行能力が重視される。このジョブ型採用とガクチカとは、自分の関心や適性、能力を客観的に自己判断するうえで共通性がある。

大学入試でどの学部学科を選ぶか——、ここが有意義な学生生活と充実した人生へのスタートラインである。これからの社会で必要とされる能力は、大学で学んだ内容がベースになるからだ。有益な情報を収集して、受験プランの準備を進めてほしい。

保護者も、新しい社会で、自分の子どもが人生の真の勝者になるために悔いのない「大学攻略」を期していただきたい。

最後に、大学のデータをエクセルに入力し図表作成に尽力いただいた荻野晴也さん、データ収集と確認でご協力をお願いした藤本昌さん、出版の労をとっていただいた朝日新書編集長の宇都宮健太朗さん、編集者の福場昭弘さんにお礼を申し上げたい。

2022年8月

木村　誠

木村　誠　きむら・まこと
1944年、神奈川県生まれ。教育ジャーナリスト。早稲田大学政治経済学部新聞学科卒業後、学習研究社に入社。『高校コース』編集部などを経て『大学進学ジャーナル』編集長を務めた。著書に『大学大倒産時代』『大学大崩壊』（ともに朝日新書）、『「地方国立大学」の時代』（中公新書ラクレ）などがある。

朝日新書
880
ワンランク上《うえ》の大学《だいがく》攻略法《こうりゃくほう》
新課程入試の先取り最新情報

2022年 9 月30日 第 1 刷発行

著　者　木村　誠

発行者　三宮博信
カバーデザイン　アンスガー・フォルマー　田嶋佳子
印刷所　凸版印刷株式会社
発行所　朝日新聞出版
〒104-8011　東京都中央区築地 5-3-2
電話　03-5541-8832（編集）
03-5540-7793（販売）

Published in Japan by Asahi Shimbun Publications Inc.
ISBN 978-4-02-295188-5
定価はカバーに表示してあります。
落丁・乱丁の場合は弊社業務部（電話03-5540-7800）へご連絡ください。
送料弊社負担にてお取り替えいたします。

朝日新書

官僚が学んだ究極の組織内サバイバル術

久保田 崇

大人の事情うずまく霞が関で官僚として奮闘してきた著者が、組織内での立ち居振る舞いに悩むビジネスパーソンに向けておくる最強の仕事術。上司、部下、やっかいな取引先に苦しむすべての人へ。人を動かし、自分の目的を実現するための方法論とは。

インテリジェンス都市・江戸
江戸幕府の政治と情報システム

藤田 覚

インテリジェンスを制する者が国を治める。徳川260年の泰平も崩壊も極秘情報をめぐる暗闘の成れの果て。将軍直属の密偵・御庭番、天皇を見張る横目、実は経済スパイだった同心——近世政治史の泰斗が貴重な「隠密報告書」から幕府情報戦略の実相を解き明かす。

ふんどしニッポン
下着をめぐる魂の風俗史

井上章一

男の急所を包む大事な布の話——明治になって服装は西欧化したのにズボンの中は古きニッポンのまま。西洋文明を大和心で咀嚼する和魂洋才は見えないところで深みを増し三島由紀夫に至った。『パンツが見える。』に続き、近代男子下着を多くの図版で論考する。

日本的「勤勉」のワナ
まじめに働いてもなぜ報われないのか

柴田昌治

「主要先進国の平均年収ランキングで22位」が、日本の現実だ。従来のやり方では報われないことが明白になった今、生産性を上げるために何をどう変えればいいのか？「勤勉」が停滞の原因となった背景を明らかにしながら、日本人を幸せにする働き方を提示する。

江戸500藩全解剖
関ヶ原の戦いから徳川幕府、そして廃藩置県まで

河合 敦

加賀藩・前田利常は「バカ殿」を演じて改易を逃れた。井伊直弼の彦根藩は鳥羽・伏見の戦い直前に新政府側に。黒田藩は偽札の出来が悪くて廃藩となる。藩の成り立ちから廃藩置県までを網羅。「日本最強の藩はどこだ！ 実力格付けランキング」も収録。

ペアレントクラシー
「親格差時代」の衝撃

志水宏吉

日本は「ペアレントクラシー（親の影響力が強い社会）」になりつつある。家庭の経済力と子どもの学力の相関関係が年々高まっているのだ。生徒、保護者、学校、教育行政の現状と課題を照射し教育公正の実現に求められる策を提言する。

大江戸の娯楽裏事情
庶民も大奥も大興奮！

安藤優一郎

「宵越しのゼニなんぞ持っちゃいられない！」。飲む打つ買う、笑って踊って、「億万長者」が二日に一人！ 祭り、富くじ、芝居に吉原、御開帳――。男も女も大興奮。江戸経済を牽引した、今よりもっとすごかった「お楽しみ」の舞台裏。貴重な図版も多数掲載。

自民党の魔力
権力と執念のキメラ

蔵前勝久

自民党とは何か。その強さの理由はどこにあるのか。国会議員と地方議員の力関係はどうなっているのか。派閥、公認、推薦、後援会、業界団体、地元有力者はどう影響しているのか。「一強」の舞台裏を朝日新聞政治記者が証言をもとに追う。

朝日新書

ぼくらの戦争なんだぜ

高橋源一郎

教科書の戦争記述に国家の「声」を聞き、戦時下の太宰治が作品に込めた秘密のサインを読み解く。「ぼくらの戦争」とは、どういうことか。膨大な小説や詩などの深い読みを通して、当事者としての戦争体験に限りなく近づく。著者の最良の1作。

エネルギーの地政学

小山　堅

ウクライナ侵攻を契機に世界中にエネルギー危機が広まっている。エネルギー研究の第一人者が、複雑な対立や利害を内包するこの問題を地政学の切り口で論じ、日本がどのような政策や外交を行い、安全保障上の危機に対峙していくかを提言する。

宝治合戦

北条得宗家と三浦一族の最終戦争

細川重男

「鎌倉殿の13人」の仁義なき血みどろ抗争は終わっていなかった！　鎌倉幕府№1北条氏と№2三浦氏で争われた宝治合戦（1247年）。北条氏が勝利し得宗独裁体制が確立された鎌倉時代の大転換点となった戦いを、解説編&小説編で徹底解説。

太平洋戦争秘史

周辺国・植民地から見た「日本の戦争」

山崎雅弘

満洲国・インドシナ・シンガポール・フィリピン・豪州・メキシコ……アジア・北米・中南米諸国が直面していた政治的・軍事的状況をとおして、「日米英仏中ソ」の軍事戦略・政治工作・戦闘の詳細を明らかにし、「日本の戦争」を多面的・複眼的に読み解く。

日本解体論

白井　聡
望月衣塑子

政治状況も、国民生活も悪化の一途をたどり、日本を蝕む閉塞感に打開の一手はあるのか。政治学者と新聞記者が、政治・社会・メディアの問題点、「政治的無知」がもたらす惨状、将来に絶望しながら現状を是認し続ける「日本人の病」に迫る。